영끌은 늦었고
청약이 답이다

문돌이 저

영끌은 늦었고 청약이 답이다

실제 청약 담당자가 알려주는 아파트로 내 집 마련 핵심 플랜

1판 1쇄 발행 2022년 7월 7일

지은이 문돌이
펴낸이 서재
펴낸곳 휴일에책한권
출판등록 제 2022-000007 호(2022년 5월 27일)
이메일 holidayabook123@naver.com
ISBN 979-11-967213-5-0(13320)

영끌은 늦었고

청약이 답이다

문돌이 저

PART 02 청약을 위한 준비사항

PART 03 나만의 청약 플랜을 세우자

PART 04 플랜이 전부가 아니다

PART 05 2021~2022 청약 경쟁률 부록

언제까지 포기만 해야 하나

이 책은 대출이 안 나와도 내 집 마련에 걱정이 없는 현금 부자를 대상으로 하지 않는다. 이미 집이 있지만, 투자 목적의 다주택자가 되려는 사람도 대상이 아니다. 시세 차익도 고려하면서 실거주, 내 집 마련을 하겠다는 목표를 가진 사람들에게 도움을 주려는 목적으로 책을 집필했다. 기존 주택에 전세를 끼고 집을 매매하는 갭투자에 대한 내용도 거의 언급하지 않는다. 갭투자도 지금은 매매가가 워낙 높아져 부모의 지원을 받지 않고 접근하기 어려운 지역이 많기 때문이다.

부동산 가격 상승기 이전에 갭투자로 다수의 부동산을 확보해서 수십억을 번 이야기도 하지 않는다. 옛것을 익혀서 새로운 것을 안다는 '온고지신'이란 사자성어가 있다. 굉장히 좋은 말이지만, 지금과 같은 대출 규제가 없던 시절에 갭투자로 큰돈을 벌었다는 내용을 설명하면서 '너도 언젠가는 기회를 잡을 수 있어!'라는 전략이 현실적으로 가능할까?

집값은 이미 손 닿을 수 없는 곳으로 떠났다

가뜩이나 힘든 취업이 코로나19 때문에 더 어렵다. 직장을 갖기 어려워지니 돈이 잘 모일 리가 없다. 돈이 없으니 결혼을 포기하고, 힘들게 결혼을 하더라도 출산을 포기한다. 과거에는 연애, 결혼, 출산을 포기

한다는 의미로 '3포세대'라는 단어를 썼지만, 지금은 포기할 게 계속 늘어나면서 'N포세대'가 더 친숙하다.

2010년대 중반 이후 부동산 가격이 상승하기 시작했다. 17~22년 사이, 정부는 계속해서 정책과 규제를 쏟아냈지만, 효과가 없었다. 오히려 막으면 막을수록 지금이 아니면 내 집을 마련하기 어려울 듯한 위기감이 조성되어 부동산 가격은 신고가를 거듭 갱신했다.

저금리 기조와 코로나19로 인해 시장에 많은 돈이 풀렸지만 어려운 경제 상황 속에서 갈 곳을 잃은 돈은 부동산, 주식, 가상화폐로 몰렸다. 2022년 대통령 선거가 끝났고 정권이 바뀌었다. 대출 규제를 풀겠다는 이야기가 나오지만 이미 손 닿을 수 없는 곳으로 떠나버린 집값을 어떻게 해야 할지 답이 보이지는 않는다.

화폐 가치가 떨어지면서 월급을 받아도 더 이상 기쁘지 않다. 내 집 마련을 하기에는 집값이 수억 원 이상 올라 쳐다볼 엄두도 나지 않고 당장 다가오는 전·월세 계약만기가 걱정이다. 계약갱신청구권을 행사하면 1회에 한 해 2년을 보장하지만, 집주인이 직접 들어와 살겠다고 하면 집을 비워야 한다. 기존 전세 보증금으로 같은 지역에 동일한 조건의 집을 구하기는 너무 어렵다. 계약갱신청구권으로 2년을 더 살더라도 걱정을 잠시 미뤘을 뿐 근본적인 해결책은 아니다.

연봉 인상이 내 집 마련에 절대적인 역할을 하지 못하는 시대가 됐다

직장 생활에 임하는 직원들의 태도도 바뀌었다. 과거에는 어떤 자리에서 무슨 일을 해야 빨리 승진하는지 관심을 가졌다면, 지금은 자기 계발이나 재테크에 더 관심이 많다. 승진해서 월급을 좀 더 받는다고 편히 누울 집 하나 마련할 수 없는 세상이기 때문이다. 오히려 그 시간을 나를 위해 쓰거나 재테크 공부를 하는 게 장기적으로 더 낫다는 판단을 하는 것이다.

부동산 침체기에 저렴한 가격으로 기존 주택을 매매하거나 신도시의 미분양 새 아파트를 골라서 들어간 기존 세대는 지금 상대적으로 행복하다. 취업도 상대적으로 쉬웠다. 월급과 승진으로 행복을 찾는 게 가능했던 시절의 어른들이 요즘 세대에게 의지와 끈기가 없고 노력이 부족하다고 말하는 건 어불성설이다. 출발선부터 공정한 기회가 주어지지 않았는데 '라떼는 말이야'라고 대화를 시작하면 서로 이해할 수가 없다.

무엇을 하는지보다 어디에 사는지가 중요한 현실이 됐다

아파트를 가진 자와 가지지 못한 자 사이에 새로운 계급이 생겼다. 계급 간의 차이는 최근 몇 년 사이 급격하게 벌어져서 줄어들 생각을 하지 않는다. 아파트를 가진 사람의 걱정과 못 가진 사람의 걱정은 극명한 차이가 있다. 아파트를 가진 사람은 집값이 안 오른 곳이 없어 상급지로 이동하기가 어렵다는 고민을 한다. 반면 아파트를 못 가진 사람은 상급지는 고사하고 벼락 거지가 되어 간다. 부모님 찬스를 써서라도 아파트를 마련한 사람은 안도의 한숨을 쉬지만, 형편이 어려운 경우에는 전·월세를 전전해야 한다.

직주근접은 직장과 주거 공간이 가까운 것을 말한다. 물리적인 거리도 중요하지만, 교통상황에 따라 시간적 요인도 고려한다. 벼락 거지가 더 슬픈 점은 전·월세 계약만료 시점마다 더 먼 곳으로 집을 옮겨야 하는 상황이 종종 발생하기 때문이다. 기존에는 회사까지 집에서 1시간이 걸렸지만, 부동산 가격 상승으로 인해 1시간 30분 걸리는 지역으로 이사를 해야 하는 상황이 발생한다. 길에서 보내는 시간이 하루에 1시간이 늘어나면 그만큼 벼락 거지를 탈출할 기회가 줄어든다. 악순환의 반복이다.

부동산 정책이 계속 바뀌어도 나에게 맞는 전략은 반드시 있다!

이미 올라버린 부동산 시장에서 영끌은 리스크가 너무 크다. 매매가와 전세가 차이가 커서 갭투자도 어렵다. 지금의 현실을 조금이라도 바꾸고 싶다면 투자를 해야 한다. 나는 예·적금, 펀드, 주식, 가상화폐 투자를 다 해봤지만, 정답은 아파트 청약이었다.

책을 작성하는 중에도 새로운 부동산 정책이 나왔다. 책을 출간하기 직전까지의 정책 변화나 규제에 대해 최신의 정보를 담기 위해 노력했다. 시간이 지나면 또 변동이 있겠지만 큰 틀을 벗어나지는 않기 때문에 현재 자신의 상황에 맞는 공부와 준비를 하면 된다. 변경되는 부동산 정책에 대해서는 운영중인 블로그와 카페에 계속 업데이트 할 계획이다. 청약제도는 예전보다 많이 복잡해졌지만, 여러분이 세상 모든 청약제도에 대해 알 필요는 없다. 수록된 정보를 적극적으로 활용해서 나에게 맞는 청약 플랜을 세우고 내 집 마련의 희망을 품길 바란다.

PART 01

왜 아파트 청약을 해야 할까?

내 집 마련이 불가능해
보였던 무주택 유목민 시절

취업을 하고 처음 직장생활을 시작했을 때는 부모님 집에서 출퇴근했다. 대중교통을 이용하면 집에서 회사까지 1시간 이상 걸렸지만, 다행히 회사에서 출근 버스를 운영하고 있었다. 퇴근 버스가 없어서 회사에서 집에 갈 때는 지하철을 타고 버스로 환승해야 했다. 부모님 집에서 출퇴근 시 가장 큰 장점은 돈을 모으기 좋다는 점이다. 월세도 없고 식비 걱정도 없으니 용돈을 제외한 돈을 온전하게 모으는 게 가능했다. 우선은 목돈을 모아야 했다.

서울에 있는 100/23 셰어하우스로

두 번째 회사에는 아쉽게도 출근 버스가 없었다. 거리도 더 멀어져 이제는 무려 왕복 3시간 이상을 길에서 보내야 하는 상황이었다. 야근하거나 회식이 있는 날이면 집에 가는 게 고역이었다. 겨우 집에 도착해서 씻고 눈을 감았다 뜨면 다시 1시간 30분 이상 걸리는 출근길에 나서야 했다. 결국 3개월 만에 통근을 포기하고 자취를 시작했다. 전셋집을 구하기에는 자금이 부족해서 우선은 월세로 살다 갈아탈 계획을 세웠다.

집을 알아보던 중 우연히 보증금 100만 원에 관리비를 포함한 월세가 23만 원인 셰어하우스를 발견했다. 위치도 회사 근처라 자전거를 타면 10분도 채 걸리지 않았고 걸어서도 출근이 가능한 거리였다. 서울에서는 찾기 힘든 가격이라 여러 명이 한방을 쓰더라도 감수하려 했는데, 방이 3평 정도로 작긴 했지만 혼자 쓰는 구조였다. 거실, 화장실 그리고 샤워실은 공동공간이고 내가 청소를 하지 않아도 관리하는 분이 따로 있다고 했다. 짧은 고민 끝에 방을 계약하고 부모님 집에서 짐을 싸서 나왔다.

여름에는 동남아로, 겨울에는 남극으로 변하는 셰어하우스

이사를 할 때는 덥지도 춥지도 않을 때라 미처 몰랐다. 가격이 저렴한 데는 다 이유가 있었다. 날씨는 점점 추워지는데 방바닥이 계속 차가웠다. 참을 수가 없어 덜덜 떨면서 집주인에게 이야기하니 전기난로를 가져다주셨다. 난방이 안 되는 방이란 사실을 겨울이 되어 알게 됐다.

방에 창문은 있었지만, 앞이 벽으로 막혀 있어 해가 들지 않아 더 추웠다. 전기난로 가지고는 추위가 해결되지 않아 본가에서 조용히 침낭을 챙겨왔다. 방에 누워있는 건 확실한데 이상하게 코가 계속 시린 겨울을 보냈다.

계절이 바뀌자 집주인은 전기난로를 선풍기로 바꿔주었다. 여름에 비하면 겨울은 아무것도 아니었다. 해도 들지 않는 방이 왜 그렇게 뜨거운지 차라리 밖이 더 시원할 정도였다. 집을 관리하는 분이 종종 상의를 벗고 다니는 걸 봤을 때 눈치챘어야 했다. 한여름에는 너무 더워서 퇴근 후 집에 들어갈 수 있는 상태가 아니었다.

퇴근 후에 공부할 때라 노트북을 챙겨서 근처 카페로 피신을 하곤 했다. 카페에서 시간을 보내다 최대한 냉기를 몸에 품은 채로 집에 돌아와 미리 얼려둔 얼음팩을 수건에 감싸 안고 잠을 잤다. 얼음팩이 다 녹아 새벽에 깨면 다른 얼음팩으로 교체하고 다시 잠을 청했다. 몸에 땀띠가 나서 한참을 고생하며 여름을 보냈다. 그렇게 악착같이 모으니 목돈이 모였다. 전셋집을 고민하고 있던 시점에 또 한 번의 이직으로 몸값을 높였다.

서울에 있는 1억 원 미만 전세로

셰어하우스에서 세 번째 회사까지는 편도로 40분 정도가 걸렸다. 출퇴근이 그렇게 어려운 조건은 아니었지만, 이제는 적어도 에어컨이 있는 방에서 살고 싶었다. 대출을 적게 받고 싶어서 1억 원 미만 조건의 원룸을 알아봤다. 1억 원은 아주 큰 돈이지만 서울에서 좋은 원룸을 구하기엔 충분하지 않았다. 부동산을 몇 군데 돌고 1억 미만의 에어컨 있는 원룸을 계약했다. 셰어하우스 3평보다는 2평이나 큰 5평 원룸이었다. 나름 큰 베란다도 있어 창고처럼 쓸 공간도 있었다. 생각보다 조건이 좋은데 왜 매물이 바로 나가지 않았는지 부동산 사장님께 물어봤다. 계약서에 도장을 찍고 나니 엘리베이터 없는 5층 원룸은 건강한 남자가 아니면 계약이 잘 안 된다고 했다.

극강의 장단점이 모두 있는 옥상살이

매일 5층을 오르락내리락하는 건 운동이라 생각하니 어렵지 않았다. 나는 괜찮았지만 택배 기사님이 내 물건 하나 때문에 5층까지 걸어올 생각을 하니 인터넷으로 뭔가 주문하기가 어려웠다. 생수를 주문하기는 더더욱 죄송해서 근처 마트에서 직접 사다 날랐다. 정말 필요한 게 아니면 사지 않았고 부득이한 경우에는 회사로 주문해서 직접 가져왔다. 의도치 않게 돈을 쓰기 어려운 구조가 되어 더 빠르게 돈이 모였다. 원룸 전세보증금은 전세 대출이 아니라 신용대출로 마이너스통장을 만들었다. 만기가 얼마 남지 않은 적금이 있었고 이직을 하면서 연봉을 많이 높여서 금방 갚을 거라 판단했기 때문이었다.

꼭대기 층에 사는 건 추위와 더위에 취약하다. 겨울에는 침낭을 활용해서 난방비를 최대한 절약했고 여름에는 어쩔 수 없이 에어컨을 틀었다. 작은 원룸이라 에어컨을 많이 틀어도 전기 요금이 적게 나와서 좋았다.

서울이 아닌 경기도로의 베팅

 청약에 관심을 두게 된 건 결혼을 준비하면서다. 2020년 서울의 부동산 가격은 이미 너무 올라 갭투자를 하기에는 자금이 부족했다. 1인 가구로 살 때는 청약은 고려 대상이 아니었다. 서울에서 1인 가구가 청약에 당첨되는 건 거의 불가능했고 경기도로 눈을 돌려봐도 출퇴근이 가능한 거리의 집을 마련할 방법이 없었다.

하지만 신혼부부는 1인 가구에 비하면 기회가 많았다. 아파트 청약을 목표로 정했기 때문에 빌라 매매는 선택지에서 제외했다. 둘 다 서울에서 일하고 있어서 아내의 회사 근처 아파트 전세를 가장 먼저 알아봤다. 둘의 예산으로는 오래된 구축 아파트밖에 선택지가 없어서 빌라에 전세로 살면서 버티는 전략으로 변경했다. 김칫국이지만 청약에 당첨되면 계약금부터 중도금, 잔금까지 계산해야 하므로 현금도 가지고 있어야 했다.

저렴한 빌라 전세로 마음을 굳히고 있던 때에 회사 사무실 이전 소식이 들렸다. 전체가 아닌 일부 인원만 이동하는 조건이었는데 필자도 포함이 되면서 4호선 라인의 사무실로 근무지가 바뀌었다. 근무지가 서울 외곽에서 중심으로 바뀌면서 4호선 라인의 경기도로 선택의 폭이 넓어졌다. 경기도도 인구가 많지만, 분산이 되어 있는 만큼 서울보다는 청약의 기회가 더 있다. 부동산 공급계획을 분석한 뒤 최종적으로는 경기도 과천에 신혼집을 마련했다. 전세 물건을 찾기 어려워 방 2개 반전세 빌라를 계약했다. 전세 대출 이자에 월세까지 내려니 부담이 컸지만, 맞벌이라 어떻게든 버틸 수 있다는 판단이었다.

2021년 3기 신도시 과천 주암지구 공급 물량 1,500호 중 1,400호가 신혼희망타운인 점은 아쉬웠지만, 과천 주민에게 100% 우선 공급한다는 소식을 듣고 희망을 품었다. 과거 청약 사례를 분석한 결과 과천 주민에게 30%인 420호만 우선 분양한다면 불안하지만 100%라면 미달이 예상됐기 때문이다.

2017~2020 과천시 인구   (단위: 명)

행정구역	2017	2018	2019	2020	2021
과천시 인구(명)	57,527	58,142	58,289	63,231	73,345

출처: KOSIS(행정안전부, 주민등록인구 현황)

문돌이의
아파트 당첨 이야기

왜 나는 경기도를 택했는가

경기도 과천시 인구는 최근 5년 기준 증가추세를 보이지만, 2021년 12월 기준 인구가 73,345명으로 적은 편에 속한다. 인구가 절대적인 기준은 아니지만, 인구(73,345명)에 비해 공급 물량(1,400호)이 많다는 걸 알 수 있다.

집필 시점의 최신 자료가 2019년인 점은 아쉽지만, 국세청의 국세통계에 따르면 경기도에서 소득이 가장 높은 지역은 과천시. 1인당 평균 급여는 지역별 급여총계를 인원수로 나눈 값이다. 2019년 기준으로 과천시의 1인당 평균 급여는 경기도에서 가장 높다. 그에 비해 소득이 있는 인구수는 경기도에서 뒤에서 세 번째이다.

신혼희망타운(=신희타)은 소득과 자산 조건이 까다롭기 때문에 과천시에 거주하는 인구 중 청약 신청이 가능한 세대가 다른 지역에 비해 적을 것으로 예측할 수 있다.

경기도 행정구역을 기준으로 한 근로인구와 급여

경기도	인원(명)	1인당 평균 급여(원)
과천시	28,598	61,312,889
성남시	390,050	50,185,558
용인시	432,868	46,982,394
화성시	401,794	45,381,116
수원시	502,780	43,144,099
의왕시	68,389	41,678,720
안양시	227,781	40,941,589
하남시	129,963	40,861,314
고양시	421,837	39,535,932
광명시	118,528	39,227,465
이천시	94,320	39,114,758
군포시	114,195	37,988,388
김포시	201,303	36,543,047
양평군	34,458	36,506,269
평택시	231,232	36,401,026
구리시	72,157	36,005,779
오산시	100,168	35,470,569
파주시	190,174	34,756,344
남양주시	259,854	34,383,735
부천시	324,484	33,379,415
안성시	77,883	32,784,716
시흥시	228,522	32,767,235
안산시	276,152	32,584,515

경기도	인원(명)	1인당 평균 급여(원)
광주시	159,753	32,559,827
여주시	38,527	32,297,480
가평군	19,142	32,104,012
연천군	14,289	31,492,267
의정부시	169,990	30,946,214
양주시	89,383	30,176,051
포천시	61,698	28,430,857
동두천시	32,765	28,133,771
소계	5,513,037	39,030,069

출처: KOSIS(행정안전부, 주민등록인구 현황)

연령별 인구 구성비도 분석에 도움이 됐다. 기관에 따라 수치의 차이는 있지만, 전체적인 흐름을 보는 데는 지장이 없다. 2020년도 통계청 인구 총조사 데이터를 연령대별로 정리하면 신혼희망타운 청약에 가장 큰 비중을 차지하는 30대 인구가 과천시 전체 인구의 약 14%를 차지하고 있다. 통계자료와 앞서 청약을 진행했던 과천 지식정보타운 단지의 경쟁률 데이터를 통해 3기 신도시 과천 주암지구 신혼희망타운의 당해 미달을 예상하며 청약 신청 날짜를 기다렸다.

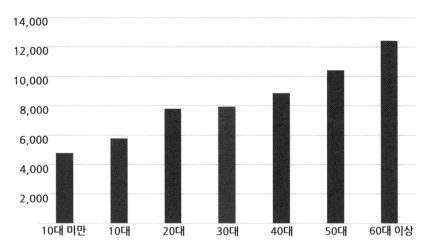

그림 1-1 2020 경기도 과천시 연령별 인구

경기도를 택한 결과는?

3기 신도시 과천 주암지구 청약은 공공분양과 신혼희망타운으로 나뉘었다. 공공분양은 국민 평수라 불리는 84 타입이고 물량이 94호뿐이라 당첨을 바라기가 어려웠다. 실제로 경쟁률도 29.2대 1의 경쟁률을 기록하며 모든 물량이 과천 주민에게 돌아갔다. 반면 신혼희망타운은 1,421호의 물량이 나왔고 730명의 과천 지역 거주자만 신청하여 전 타입 미달의 결과가 나왔다. 미달 물량은 다음 순위인 수도권 접수로 넘어가서 청약이 완료되었다.

과천 주암 공공분양, 신혼희망타운 당해 경쟁률

구분	지구	블록	타입	신청	배정	경쟁률
공공분양 (특별공급)	과천 주암	C1	84	2,742	94	29.2

구분	지구	블록	타입	신청	배정	경쟁률
신혼희망타운		합계		730	1,421	미달
	과천 주암	C1	46	14	188	미달
			55	434	582	미달
		C2	46	1	29	미달
			55	281	622	미달

출처: 국토교통부 보도참고자료

신혼희망타운에 대한 부정적인 보도자료가 많다 보니 다른 공급 방식
보다 사람들의 관심이 덜하다. 그만큼 경쟁률이 낮아 내 집 마련을 원
하는 사람에게는 더 좋은 기회가 될 수 있다. PART 03에서 더 자세히
설명하겠지만 실수요자 관점에서 신혼희망타운은 자격이 된다면 무조
건 고려해야 하는 공급 방식 중 하나이다.

그림 1-2 과천 주암지구 위치

과천 주암지구에서 양재천만 건너면 바로 강남 서초다. 2012년 지어진 서초힐스 아파트의 59 타입 실거래가는 2021년 8월에 14억 3,000만 원이다. 2013년 지어진 LH서초 5단지는 서초힐스 아파트보다 가격이 낮게 나타나고 있는데, 토지임대부 주택이기 때문이다.

토지임대부 방식은 토지는 공공에서 가진 상태로 건물만 분양해서 주변 시세보다 저렴한 게 특징이다. 대신 매달 토지임대료를 내야 한다는 단점이 있다. 다른 비교 대상으로 과천 본도심에 2021년 1월에 지어진 과천 위버필드 아파트 전용 59 타입은 2021년 8월에 15억 9,000만 원의 실거래가를 기록했다.

과천 주암 추정 분양가격

지구	단지	주택형(타입)	추정 분양가격
과천 주암	C1	46	4억 9,313만 원
		55	5억 8,729만 원
	C2	46	5억 307만 원
		55	5억 9,947만 원

출처: LH 21년 사전청약 3차지구 신혼희망타운 입주자모집공고

과천 주암지구 C1 단지의 55 타입 추정 분양가격은 5억 8,729만 원이다. 말 그대로 추정가격이라 본 청약 시점에는 분양가심사위원회의 심의를 거쳐 최종 결정된다. 분양가가 일부 조정되더라도 인근 아파트의 시세와 비교했을 때 상당한 시세 차익을 기대할 수 있다. 과천 주암지구는 투기과열지구라 전매 제한 10년을 적용한다.

간단히 설명하면 투기 목적으로 집을 사는 걸 막기 위해 10년 동안 팔

수 없다는 의미다. 신혼희망타운은 오래 보유하면 수익공유 비율이 낮아지기 때문에 부담이 없다. 실거주가 목적이기 때문에 5년 동안 거주해야 하는 의무 조건도 전혀 문제가 없다. 수익공유와 같은 신혼희망타운의 특징은 PART 3 신혼희망타운 부분을 읽어보자.

이미 너무 올라버린
아파트 가격

구축 아파트 매매보다 우리가 아파트 청약에 집중해야 하는 가장 큰 이유는 가격이다. '이럴 줄 알았으면 2017년에 미리 살걸'하는 후회는 해봐야 의미가 없다. 되돌릴 수도 없는 시간을 탓하며 과거의 선택을 탓해봐야 소용이 없다. 2017년에 아직 학생 신분이거나 취업 준비생이었다면, 금수저가 아닌 이상 기회조차 없었다. 2021년까지 주택 가격은 계속 올랐고, 서울 평균 아파트값은 13억 원을 돌파했다.

노도강 매수를 고민하던 시절

필자에게도 갭투자를 고민하던 시기가 있었다. 악착같이 저축으로 5,000만 원 정도를 모은 상태에서 신용대출을 받아 서울에 작은 평수 아파트라도 마련해 볼까 하는 생각이었다. 그때 할걸, 살걸, 팔걸이라고 후회하는 투자자들을 '껄무새'(~할 걸이라고 후회하는 말을 앵무새처럼 반복한다는 의미)라고 한다는데, 그게 내 이야기였다.

2017년만 해도 서울에도 3억 원 미만 소형 아파트가 많았다. 출퇴근이 가능한 지역 중 노원구를 중점적으로 돌아다녔다. 퇴근 후 바로 집으로 가지 않고 노원역, 상계역 등 역세권 아파트를 살펴봤다. 대학 시절 자주 방문했던 지역이라 단지나 내부 구조도 대략 알고 있어 수월했다.

하지만 결국 매매로 이어지지는 않았다. 오래된 구축 아파트를 사두는 것보다 '나중에 결혼해서 청약을 하면 더 좋은 기회가 있지 않을까?'라는 판단을 했다. 대학 학자금 대출 상환도 쉽지 않았는데, 어린 마음에 또다시 큰 금액의 대출을 받기가 두렵기도 했다.

이미 지나간 기회. 다음 기회는?

2020년에 결혼 준비를 하면서 가장 먼저 고민한 게 신혼집이었다. 서울 아파트 가격이 많이 오른 건 알고 있었지만 애써 외면하고 있었다. 서울에서 저렴했던 지역도 이제는 매매로 접근하기 어려운 상태였다. 양가 부모님 지원 없이 시작하기로 하니 선택지가 많지 않았다.

내 또래 직장인 대부분이 비슷한 마음일 테다. 2022년 들어 부동산 시장이 주춤하는 모습을 보여주기도 했지만 확신이 들지 않는다. 내가 산 가격이 상투를 잡고 계속 떨어질까 불안한 마음도 든다. 뉴스에서도 연일 이제 집값이 잡히고 있다고 말하지만 와닿지는 않는다. 지역에 따라 다르지만 두 배 이상 오른 곳도 많은데, 보합이나 소폭 하락 정도로는 아직 살 엄두가 나지 않는다. 정부의 대출 규제 때문에 지금 가진 자금으로는 서울에서 얼마나 벗어나야 집을 살 수 있을지도 미지수다. 설령 부동산 조정 시기가 오더라도 입지가 좋은 곳은 영향을 덜 받는다. 국내외 상황에 따라 부동산 가격이 등락을 거듭했지만 그 기간을 길게 보면 우상향 그래프를 그린다.

인터넷에서 부동산 기사에는 부정적인 댓글이 많이 달린다. 부동산 상승기 이전 시점으로 집값이 폭락해야 한다는 이야기도 한다. 조정이 있을 수는 있지만 2~3배 오른 부동산 가격이 다시 돌아갈 가능성은 낮다. 부동산 가격이 다시 폭등 전 수준으로 회복되어 잘못 예측한 필자가 욕을 먹는 상황을 엎드려 바랄 정도다.

코로나19로 시작된 헬리콥터로 돈 뿌리기

양적완화라는 단어를 중심으로 이해해보자. 양적완화는 전 세계를 금융위기로 몰고 간 리먼브라더스 사태가 발생한 2008년 등장했다. 쉽게 설명하면 양적완화는 중앙은행이 직접 나서 돈을 뿌리는 정책이다. 미국은 금융 위기를 극복하기 위해 천문학적인 돈을 뿌려왔다. 시중에 돈이 넘쳐나면서 화폐 가치는 떨어지고 주식이나 부동산은 폭등하기 시작했다.

2017년 말부터 뿌린 돈을 다시 회수하는 방향으로 정책을 전환했지만 코로나19 사태가 터지면서 다시 돈을 풀었다. 풀린 돈으로 인해 인플레이션 현상이 심해지자 미국 중앙은행 연방준비제도는 양적 긴축을 예고했다. 우리나라도 코로나19 사태 이후 재난지원금, 신용카드 캐시백, 소비 쿠폰 등 다양한 형태로 돈을 뿌렸다. 돈을 뿌려서 소비가 늘었지만 물가 상승의 압박을 받고 있고, 현금으로 제공된 지원금은 부동산이나 주식 시장으로 흘러들어 가격 상승을 부추겼다.

불확실성 투성이인 상황에서 이미 올라버린 아파트 가격을 보면서 후회하기보다는 아파트 청약에서 가능성을 찾아보는 걸 추천한다.

유주택자 유 부장님은 월급으로 아파트를 살 수 있다고 했다

 월급 모아 집 샀던 기성세대의 행운은 더 이상 없다. 국민 가구소득의 중윗값을 의미하는 기준 중위소득을 보면 2022년 4인 가구 기준 월 5,121,080원이다. 쉽게 계산하기 위해 서울 평균 아파트값을 13억 원, 월 소득이 500만 원이라고 가정해보자.

기준 중위소득 (단위: 원/월)

	2018	2019	2020	2021	2022
1인 가구	1,672,105	1,707,008	1,757,194	1,827,831	1,944,812
2인 가구	2,847,097	2,906,528	2,991,980	3,088,079	3,260,085
3인 가구	3,683,150	3,760,032	3,870,577	3,983,950	4,194,701
4인 가구	4,519,202	4,613,536	4,749,174	4,876,290	5,121,080
5인 가구	5,355,254	5,467,040	5,627,771	5,757,373	6,024,515
6인 가구	6,191,307	6,320,544	6,506,368	6,628,603	6,907,004

출처: 통계청, 가계동향조사, 가계금융복지조사

계산해보면 월 소득 500만 원의 4인 가구가 13억 원인 아파트를 사려면 21.7년 동안 한 푼도 쓰지 않고 모아야 한다.

내 월급으로 몇 년이 걸려야 아파트를 살 수 있을까?

 아쉽게도 세금과 생활비를 제외하면 평생 일해도 월급만으로 서울에서 평균 수준의 아파트에 사는 건 불가능하다. 경력을 쌓아 월급이 올라도 부동산 가격도 오르기 때문에 따라잡기가 어렵다. 재테크 전문가들이 투자를 권유하는 이유도 일맥상통한다.

주택담보 대출 40%를 받아도 나머지 60%의 자금은 있어야 들어가서 살 수 있다. 이런 상황에서 내 집 마련을 하려면 부동산 가격 상승보다 더 빨리 돈을 모아야 한다. 자신의 분야에서 전문성을 쌓아 몸값을 올리거나 투자해야 한다. 안타깝게도 연봉 1억 원을 받는 직장으로 이직해도 실수령액은 약 650만 원이다. 무리한 재테크를 하다가 한 번 큰 손실을 보면 내 집 마련의 꿈은 더 멀어진다.

취득세를 개정하면 공급이 풀릴까?

 서울, 수도권이나 광역시를 제외하고도 전국의 집값이 전체적으로 다 올랐다. 정부는 2020년 7·10 대책을 통해 다주택자에 대한 부동산 세금 제도를 강화했다. 최소 1%에서 최대 4%였던 취득세율을 중과세하는 방향이다. 조정지역 2주택자인 개인은 8%, 3주택 이상을 가지고 있는 개인과 법인에 대해서는 12%의 취득세를 적용해서 투기를 막겠다는 의도였다.

취득세율 인상안

기존 취득세율			개정(인상개정 취득세율) 취득율		
개인	1주택	주택 가액에 따라 1~3%	개인	1주택	주택 가액에 따라 1~3%
	2주택			2주택	8%
	3주택			3주택	12%
	4주택 이상	4%		4주택 이상	
법인		주택 가액에 따라 1~3%	법인		

출처: 국토교통부, 주택시장 안정 보완대책

어김없이 발생한 풍선효과

하지만 공시가 1억 원 이하 주택에는 중과세율 적용을 제외하면서 문제가 발생했다. 법인이나 외지인이 전국의 저가 아파트를 집중적으로 매수하는 풍선효과가 나타났다. 수십 채의 주택을 사도 기본 취득세율인 1.1%만 적용된다는 점을 이용한 것이다. 국토교통부는 2020년 7월부터 2021년 9월까지 저가 아파트를 매수한 법인·외지인 거래 약 9만 건을 분석하여 법인 명의신탁, 미성년자 편법 증여 등 위법 의심 거래 570건을 적발했다.

법인·외지인 거래 비중은 2020년 7월 29.6% → 2020년 12월 36.8% → 2021년 8월 51.4%로 상승하는 모습을 보였다. 모든 거래가 갭투자는 아니었겠지만, 일부 법인·외지인이 저가 아파트를 갭투자로 사들여 전체적인 시세를 끌어올려서 실수요자에게 매도해서 시세 차익을 얻었다. 부동산 시세 하락 시 높은 가격에 주택을 구매한 실수요자는 피해를 받는 구조다. 전세보증금을 낀 갭투자 사례가 많아 세입자는 깡통 전세의 우려도 있다.

월급을 모아 전망 좋은 기존 주택을 매매하는 것도 방법이지만, 지금의 아파트 가격은 월급으로 사기 어려운 수준이다. 현재 자신의 상황을 정확히 인지하고 어떤 방법이 내 집 마련에 최선일지 고민해봐야 한다.

아파트 청약은 지금 우리가 할 수 있는 가장 가성비 좋은 투자

우리는 재테크를 하면서 수익률은 높고 리스크는 낮은 상품을 원한다. 안정적인 고수익을 원한다는 이야기는 사실 도둑놈 심보나 마찬가지다. 예·적금은 예금자보호법에 따라 5,000만 원까지 원금이 보호되지만, 수익률이 낮다. 주식은 높은 수익률을 기대할 수 있지만 동시에 손실을 가능성도 존재한다. 24시간 365일 쉬지 않고 가격이 바뀌는 가상화폐 역시 고수익 고위험 상품이다.

일반 주택거래도 부동산 가격 상승과 하락에 영향을 많이 받는다. 주택거래는 억 단위의 돈이 오가는 큰 거래이다. 부동산 사이클에서 가장 높은 가격에 집을 샀다가 몇 년 동안 하락을 경험하면 멘탈 붕괴에 빠질 수 있다. 실거주하는 집이면 가격 하락에도 눈물을 머금고 버티겠지만, 대출까지 받아 갭투자를 한 경우 세입자가 나가는 시점에 큰 손실이 확정될 가능성이 있기 때문이다.

아파트 청약은 여러 재테크 수단 중 리스크가 적으면서 안정적인 수익을 주는 흔치 않은 투자 방법이다. 분양가 상한제 적용을 받는 경우 적게는 수천만 원에서 많게는 수억 원의 '로또 청약'도 기대할 수 있다.

왜 다들 로또 청약이라고 말할까?

다음은 경기도 과천시 갈현동 641 위치에 2021년 11월 25일 모집 공고한 과천 한양수자인의 공급물량과 분양가 정보다.

과천 한양수자인 입주자모집공고 정보

주택 구분	주택형	공급 세대 수			공급금액(최고가 기준)
		일반	특별	계	
민영	59A	16	21	37	6억 5,000만 원
	59B	13	6	19	6억 5,420만 원
	59C	17	15	32	6억 4,920만 원
	84A	25	28	53	8억 8,520만 원
	84B	16	17	33	8억 8,600만 원
계		87	87	174	

출처: 청약홈

당해지역 거주 조건이 있어 과천 주민에게 분양된 건으로 약 10억 원의 시세 차익이 기대되는 단지다. 과천 한양수자인 부지는 과거 우정병원 공사가 중단된 상태로 장기간 방치된 상태였다. 해당 부지는 국토교통부 장기방치건축물 정비사업 선도사업지로 선정되어 174세대 아파트가 지어질 예정이다.

전용 59m²의 분양가는 약 6억 5,000만 원 선이고, 전용 84m²는 약 8억 8,000만 원 선으로 주변 시세와 비교하면 아주 낮은 수준이다. 2022년 2월 기준 2020년 8월 지어진 과천 센트레빌 전용 84m²는 19억 원, 2008년 지어진 래미안슈르는 17억 5,000만 원 그리고 과천 위버필드는 22억 원의 네이버 부동산 호가를 기록하고 있다.

다만, 경기도 과천시는 투기과열지구에 해당하여 대출 규제 등이 적용되니 자금 조달 계획을 잘 세워야 한다.

그림 1-3 과천 한양수자인 주변 아파트 매매가

10억 원 시세 차익만큼은 아니라도 아파트 청약을 활용하면 주변 시세보다 저렴한 분양가로 내 집을 마련할 수 있다. 경기도 화성시 동탄2신도시 A62 블록에 2021년 12월 3일 입주자모집 공고가 뜬 호반써밋도 주변 시세보다 저렴한 분양가로 관심을 모았다.

동탄2신도시 A62블록 호반써밋

주택 구분	주택형	공급 세대 수			공급금액(최고가 기준)
		일반	특별	계	
민영	74	33	47	80	3억 9,650만 원
	84A	269	355	624	4억 4,840만 원
	84B	13	27	40	4억 3,340만 원
계		315	429	744	

출처: 청약홈

전용 74m²의 분양가는 약 4억 원이고, 전용 84m²는 약 4억 3,000만 원~4억 5,000만 원 선으로 주변 시세보다 저렴했다. 위치상 중심지와 약간 거리가 있지만 저렴한 분양가를 고려하면 충분히 경쟁력이 있다. 또한 동탄2신도시에 위치하여 동탄호수공원, 이마트 트레이더스, 롯데백화점, 농협하나로마트까지 주변에 있어 거주 환경도 좋은 편이다.

그림 1-4 동탄2신도시 A62블록 호반써밋 주변 아파트 매매가

동탄2신도시 A62 블록 호반써밋 동탄은 744세대 모집에 특별공급과 일반공급을 합쳐 약 2.8만 명이 신청하며 청약에 성공했다. 입주예정일이 2023년 1월로 되어 있어 빠른 입주가 가능하다.

앞서 설명한 2개 단지의 예시 외에도 아파트 청약을 잘 활용하면, 적은 리스크로 큰 수익을 기대할 수 있다. 억 단위의 수익이 아니더라도 원하는 지역에 주변 시세보다 저렴하게 새 아파트에 들어갈 수 있다면 분명 가성비가 좋은 투자다.

아파트 청약 신청에 돈이 드는 것도 아니다. 당첨이 되면 계약금부터 중도금 그리고 잔금을 마련할 방법을 고민해야겠지만, 청약하는 행위 자체에는 주식처럼 투자금이 필요하지도 않다. 자금 마련이 가능한 선에서 플랜을 세운다면 새 아파트에 입주하는 것도 꿈은 아니다.

청약은 본업에 큰 지장이 없는 쉬운 재테크 방법

월급만으로는 부자가 될 수 없다는 생각에 너도나도 재테크에 뛰어들고 있다. 회사에서도 점심시간이나 잠시 숨돌리는 시간이면 다들 재테크 삼매경이다. 예·적금, 펀드, 주식, 가상화폐, P2P 금융 등 다양한 재테크를 해봤지만 아파트 청약은 본업에 큰 지장이 없는 쉽고 안전한 재테크 방법이었다. 먼저, 지금까지 내가 해본 재테크 방법을 복기해봤다.

고수익은 아니지만 재테크 기본기를 다지게 해준 예·적금

시중은행 기본 예·적금은 금리가 낮아 특판 상품 위주로 가입했다. 적금 상품 기준으로 4% 이상의 상품은 여력이 되는 한 모두 가입하려 노력했다. 군인일 때는 군인 적금이 가장 혜택이 좋아서 가입했고, 특정 통신사를 사용하면 가입할 수 있는 5% 적금도 신청했다. 보험 상품에 가입하는 조건으로 새마을금고에서 7% 특판 적금도 넣고 있다. 매월 적금으로 빠져나가는 돈이 300만 원이 넘어서 만기 된 적금으로 다른 적금을 붓는 돌려막기도 했다. 특판 적금만 가입하니 쏠쏠한 이자가 나왔지만 이자 수익보다는 목돈을 모으는 데 의미가 있던 기간이었다.

스무 살에 시작한 펀드

대학에 들어가서 처음 스스로 돈을 번 뒤 투자를 해야겠다는 생각이 들었다. 많은 금액은 아니지만 국내 펀드 상품에 가입했는데, 수익률이 높아서 놀랐던 기억이 있다. 가입한 지 몇 달 되지 않아 수익률이 두 자릿수로 바뀌는 걸 보면서 더 많은 돈을 넣지 못한 걸 후회했었다. 매도하는 시점도 완벽했다. 어학연수에 가기 위해 펀드 해지를 했는데, 해외에 있는 동안 서브프라임 모기지 사태가 터지면서 주가가 폭락했기 때문이다.

첫 펀드에 대한 좋은 기억이 있어 사회생활을 시작한 뒤에도 펀드에 가입했다. 가입한 주식형, 혼합형 펀드는 소득공제가 가능한 펀드라서 아직 보유하고 있다. 추가납입은 하지 않았지만 해외 비과세 펀드도 여러 개 가지고 있다.

흔한 투자 방법이었으나 큰 소득이 없었던 주식

주변에서도 가장 흔하게 하는 재테크 수단이다. 대학 시절부터 조금씩 해왔지만 지금까지도 수익률이 변변치 않은 재테크 방법이기도 하다. 투자 수익을 계산하면 손실은 아니지만 주식 투자를 위해 공부한 시간을 고려하면 마이너스라고 해도 무방하다. 주식을 사면 진득하게 몇 년이고 기다리는 타입이라 매수를 다 한 뒤에 증권 앱을 삭제하곤 했다. 지금은 해외 주식만 일부 남겨둔 상태이고, 국내 주식은 공모주 투자만 한다. 개인 성향 차이겠지만 주식을 하면 일할 때 지장이 있어 잘 맞지 않는 것 같다.

근무도, 수면도 모두 어려웠던 가상화폐

 2017년 가상화폐 상승기에 처음 투자를 경험했다. 겨우 한두 달 정도의 경험이었지만 24시간 동안 그래프가 움직이니 수면에 방해가 될 정도였다. 결국 본전 수준에서 모두 매도하고 그만두었다. 주식보다도 일상생활에 지장이 있어서 그 뒤에는 손대지 않았다.

주식 대신 선택한 P2P 금융

 P2P 금융이란 기존 전통적인 금융회사를 통한 금융거래가 아니라 개인 대 개인 간의 금융 거래를 말한다. 주로 온라인을 통해 이뤄지며, 대출을 원하는 개인에게 다수의 투자자가 펀딩을 하는 형태로 거래를 한다. 플랫폼 회사는 그 중간에서 대출이 필요한 사람에 대한 정보를 제공하고 투자금을 모으는 역할로 수수료를 받는다. 주식보다는 안정적인 투자를 위해 몇 년간 P2P 금융에 투자를 했다. 초반에는 연 10% 이상의 수익을 올렸지만 결과적으로는 오너리스크로 인해 손실을 봤다. 대표이사가 사기, 횡령 혐의로 구속이 되면서 투자한 돈을 고스란히 손실 처리해야 했기 때문이다.

수익이 높고 리스크가 가장 낮았던 청약

 여러 재테크 방법과 비교해도 부동산 청약은 기대 수익이 높고 리스크가 적다. 청약을 위한 정보는 LH청약센터(apply.lh.or.kr)와 한국부동산원 청약홈(applyhome.co.kr)에 올라온다. 청약 신청하고 싶은 아파트의 분양가가 적절한지 궁금하면 주변 아파트 시세를 검색하면 된다. 주식처럼 재무제표를 분석하고 차트를 보며 끊임없이 공부할 필요도 없다. 정부 정책이나 제도에 따라 변경되는 부분이 있지만 큰 틀은 잘 바뀌지 않는 편이다. 한 번만 제대로 공부하면서 나에게 맞는 청약 플랜을 세우면 그다음에는 신청만 하면 된다. 그렇기 때문에 모든 부동산 청약제도에 대해 다 암기할 필요도 없다.

회사에 있으면서 재테크에 빠져 본업을 소홀히 하는 경우를 자주 봤다. 화장실에서도 주식이나 가상화폐 차트를 보는 사람도 있고, 흡연실에서도 증권 앱을 쳐다보며 재테크 이야기를 한다. 출근 시간과 국내 주식 시장이 열리는 시간이 같아 바로 업무에 집중하기 어렵다. 미국 주식투자도 간접적으로 본업에 영향을 미친다. 미국 주식 시장은 한국 시간 23시 30분부터 다음날 06시까지 운영한다. 서머타임을 적용하면 한국시간 22시 30분에서 다음날 05시까지다. 낮에는 국내 주식 창을 보고 밤에는 미국 주식 창을 챙기다 보면 피로가 쌓이기 마련이다. 여기에 국내외 주식의 시간 외 거래도 챙긴다면 업무에 집중하기 어렵다.

월급의 가치가 예전 같지 않다고 해도 회사 밖에서 생존할 대안이 없는 이상 본업에 큰 지장을 줄 정도로 재테크에 열중하는 건 바람직하지 않다. 부동산 청약은 PC나 모바일로 쉽게 신청이 가능하다. 미리 점수를 계산해 두었다면 청약 신청 완료까지 몇 분 걸리지 않는다. 그냥 지나치기엔 너무 아까운 기회이지 않은가?

깨끗하고 똘똘한 아파트
한 채가 주는 안정감, 청약

부동산 시장의 불확실성이 커지면서 똘똘한 한 채에 대한 중요성이 높아지고 있다. 다주택자에 대한 규제 강화로 인해 예전처럼 적은 돈으로 여러 채의 아파트를 갭투자로 구매하는 게 어려워졌다. 똘똘한 한 채란 부동산 상승기에는 시장을 주도하고, 하락기에는 가격 방어가 잘되는 집을 말한다. 다른 주거 형태보다는 강남 3구와 같은 인기 지역의 아파트를 칭하는 경우가 대부분이다. 2022년 기준, 서울 송파구, 영등포구 여의도나 용산구도 주목받고 있다. 거래 절벽으로 많은 물량이 거래되지는 않았지만, 서울시 주도의 정비 사업에 대한 기대감으로 신고가를 경신하는 지역이 나오고 있다.

빌라, 주택에 비해 환금성이 좋은 아파트

똘똘한 아파트는 단독주택이나 빌라와 같은 다른 주거 형태에 비해 환금성도 좋다. 공급과 수요도 많고 비교 대상의 거래 가격 조회가 쉽기 때문이다.

깨끗한 주거 환경을 누릴 수 있다는 장점

특히나 당첨된 청약 아파트는 새 아파트로 컨디션이 좋다. 오래된 구축 아파트는 곰팡이나 누수에 취약하다. 오래된 아파트는 배관 자체가 너무 오래되어 녹물이 나오기도 한다. 급한 대로 필터를 사용하면 되지만, 필터 교체 비용도 적지 않은 데다 근본적인 해결책은 아니다. 신축 아파트는 입주 전에 사전점검 기간이 있다. 정해진 기간에 입주할 집에 미리 방문해서 문제가 있는 부분을 확인한다. 보수 작업이 필요한 곳에 제공받은 스티커를 붙이는 방식으로 많이 진행한다. 스티커가 부족할 경우를 대비해서 따로 포스트잇을 준비하면 좋다. 사전 점검 이후에 확인한 문제도 유지 보수 계약 기간은 무상으로 서비스를 제공받는다. 신축 아파트의 유지 보수 기간을 잘 활용하면 거주하는 동안 집으로 인해 스트레스를 받을 일이 별로 없다.

청약으로 신축 아파트에 입주하면 최신 커뮤니티 시설도 이용할 수 있다. 신축 대단지 아파트에는 피트니스센터, 라운지, 카페, 독서실 등이 있는 경우가 많다. 공공분양보다는 재건축 아파트의 시설이 더 좋다. 반포 아크로리버파크에는 사우나, 수영장 그리고 조식 서비스까지 있다. 한강 뷰를 즐길 수 있는 스카이라운지도 구축 아파트에는 없는 시설이다. 과거의 아파트가 단순히 주거 목적이었다면, 최신 아파트 단지는 주거를 넘어 문화 공간의 역할을 한다.

신축 아파트 피트니스 센터에 가보니 일반 피트니스 센터에 뒤지지 않는 최신 운동기구가 구비되어 있었고, 기구 사이 간격도 넉넉해서 쾌적한 느낌이었다. 입주민을 위한 카페도 고급스러운 인테리어가 눈에 띄고, 커피도 저렴하게 제공해서 인기가 많다.

똘똘한 아파트는 위기에 강하고 주변 시세를 주도하는 아파트를 의미한다. 꼭 신축 아파트만을 이야기하는 단어는 아니다. 아파트 청약 기회를 잘 활용해서 좋은 입지의 아파트에 입주한다면, 깨끗하고 똘똘한 한 채를 확보하는 셈이다.

저자의 내 집 마련 연대기

2016년

서울 용산구 셰어하우스 입주(특징: 에어컨 없음, 난방 시설 없음, 겨울에 침낭 필요)

2018년

서울 마포구 5층 원룸 전세(특징: 엘리베이터 없음, 5평)

2020년

경기도 과천시 빌라 반전세(특징: 처음으로 방이 2개, 신축, 비싼 가격)

2021년

경기도 과천 주암지구 신혼희망타운 당첨

2022년

경기도 과천 주암지구 신혼희망타운 부적격 소명 & 최종 적격 통보

2024년

경기도 과천 주암지구 신혼희망타운 본청약 예정(2024년 10월 15일경, 일정 변동 가능성 있음)

2027년

경기도 과천 주암지구 신혼희망타운 입주 예정(2027년 6월경, 일정 변동 가능성 있음)

* 현재 과천 무순위 청약을 기다리며 실거주 중. 무순위 청약 당첨 시 사전청약은 포기

PART 02

청약을
위한
준비사항

일단 청약통장부터
만들자

아파트 청약에 도전하기 위해 일단 청약통장부터 개설하자. 공공 아파트 또는 민영 아파트 분양을 받으려면 청약 통장이 필요하다.

청약통장의 구성과 종류

청약통장에는 청약저축, 청약부금, 청약예금, 청약종합저축과 청년을 대상으로 한 청년우대형 청약종합저축이 있다. 5가지 통장 중 현재는 청약종합저축과 청년우대형 청약종합저축 2가지에 신규 가입이 가능하다.

청년우대형 청약종합저축	청약종합저축	청약예금	청약부금	청약저축

만 19세 이상~34세 이하의 청년은 청년우대형 청년종합저축 가입 조건을 먼저 확인해 보자.

- 병역기간이 있다면 만 34세에서 최대 6년을 더 인정
- 근로소득자 기준 연 3,600만 원 이하(2022년 기준)의 소득 요건

· 사업소득자는 연 2,600만 원 이하(2022년 기준)의 소득 요건

· 주택을 소유하고 있지 않은 세대주 또는 주택을 소유하고 있지 않은 세대의 세대원

· 3년 이내에 세대주가 되어 3개월 이상 세대주 자격을 유지하는 경우

· 부모님과 함께 거주하고 있고 부모님이 주택을 소유하고 있어도 3년 안에 독립할 예정이라면 가입 가능

청년우대형 청약종합저축은 타 청약 통장보다 혜택도 많다.

· 기존 청약종합저축에 비해 1.5%의 우대 금리를 제공하여 최대 3.3% 금리를 받을 수 있음

· 원금 연 600만 원 한도로 비과세 혜택(이자소득 합계액 500만 원 한도)

· 주택을 소유하고 있지 않은 세대주는 기존 청약종합저축과 동일하게 연 240만 원 한도로 40%의 소득공제 혜택

청년우대형 청약종합저축 가입 조건이 안 되는 경우 기존 청약종합저축에 가입하자. 청약저축, 청약부금 그리고 청약예금은 2015년 9월 1일부터 신규 가입이 중단됐다. 신규 가입은 안 되지만 기존 가입자의 청약 신청은 가능하다. 기존 3가지 청약통장을 통합한 게 청약종합저축이다.

청약예금	청약부금	청약저축

▼

청약종합저축

주택으로 구분한 청약통장 유형

구분	청약저축	청약부금	청약예금	청약종합저축
청약 가능 주택	전용 85m²이하 국민주택	전용 85m²이하 민영주택	모든 민영주택	모든 주택 (국민+민영)

출처: 청약홈

급전이 필요할 때, 청약통장을 해지하지 않고도 대출을 받을 수 있다?

당장 아파트 청약에 도전하지 않아도 청약종합저축을 해지하는 건 추천하지 않는다. 청약종합저축으로 1순위 청약 가능한 사람이 너무 많아 당첨 가능성이 작더라도 월 10만 원씩 인정 금액을 쌓다 보면 언젠가 새 아파트에 들어갈 기회가 찾아올 수 있다. 청약통장을 해지해서 차라리 주식 투자를 하는 게 낫겠다는 생각이 든다면 저축액의 최대 95%까지 대출이 가능한 예금(청약)담보대출을 활용하자. 급하게 돈이 필요한 경우도 해지보다는 예금(청약)담보대출을 이용하는 것이 낫다.

일반 매매를 했으니 청약통장을 해지한다?

청약 말고 일반 매매로 주택을 구매한 경우에도 나중을 위해 계속 가지고 있자. 지금은 기존 주택을 구매했지만 언제 좋은 기회가 찾아올지 모르기 때문이다. 소득공제 조건이 된다면 매월 10만 원씩 납입하고 여유가 될 때 120만 원을 더 채워서 소득공제 한도인 240만 원을 채우는 것도 좋다.

10대라면 청약통장은 언제 만드는 것이 좋을까?

 자녀를 위한 청약종합저축 가입을 고민하는 경우 만 17세에 해주는 게 효율적이다. 가입하는 데 나이 제한은 없지만 가점제 점수를 계산할 때 만 19세 이전에 가입한 기간은 최대 2년(24회)까지만 인정되기 때문이다. 납입 인정 횟수가 24회를 초과하는 경우 납입 인정 금액은 납입한 금액이 많은 순서로 24회를 계산한다. 금리가 낮고 일부 인출도 불가능한 청약종합저축을 굳이 어릴 때부터 가입할 필요는 없다.

만 19세 이전 납입 인정금액 계산 방법

1회~10회 2만 원 납부: 4회x2만 원=8만 원 인정

11회~20회 5만 원 납부: 10회x5만 원=50만 원 인정

21회~30회 20만 원 납부: 10회x10만 원=100만 원 인정(월 10만 원까지 인정)

이제 청약통장에 필요한 기간과 금액을 채우자

청약통장에 가입했다면 청약에 필요한 금액을 먼저 계산해야 한다. 납입 인정 횟수를 채우기 위해 월 10만 원씩 납입하는 게 가장 효율적이지만 청약하는 아파트의 지역과 면적에 따라 예치 금액 기준이 있기 때문이다.

현재 서울특별시와 부산광역시 민영주택에 청약하려면 전용 면적에 따라 최소 300만 원에서 1,500만 원의 예치금이 필요하다. 서울과 부산을 제외한 광역시는 최소 250만 원에서 1,000만 원, 그 외 지역은 최소 200만 원에서 500만 원의 예치금을 입주자 모집공고 전에 미리 준비해야 한다.

예치금액 기준

민영주택 청약통장 예치금	특별시 및 광역시를 제외한 지역	특별시 및 부산광역시	그 밖의 광역시
전용면적 85㎡ 이하	200만 원	300만 원	250만 원
전용면적 102㎡ 이하	300만 원	600만 원	400만 원

민영주택 청약통장 예치금	특별시 및 광역시를 제외한 지역	특별시 및 부산광역시	그 밖의 광역시
전용면적 135㎡ 이하	400만 원	1,000만 원	700만 원
모든 면적	500만 원	1,500만 원	1,000만 원

출처: 힐스테이트 초월역 2BL 입주자모집공고

2021년 12월 17일 입주자 모집 공고한 경기도 광주시 힐스테이트 초월역 2BL 아파트에 일반공급으로 1순위 청약을 신청하려면 가입 기간이 12개월을 지나간 청약통장과 예치금 기준을 충족해야 했다. 전용 면적 85m² 이하 주택형에 신청하기 위한 예치금은 200만 원이고, 전용 면적 101m² 주택형 신청에 필요한 예치금은 300만 원이다.

12개월 전에 가입한 청약 통장에 매월 10만 원씩 납입하는 경우 예치금이 부족하므로 미리 준비한 금액을 추가 납입해야 한다. 특별공급도 종류에 따라 청약통장 가입 기간이 다를 수 있기에 입주자 모집공고문을 잘 살펴보자.

경기도 광주시 힐스테이트 초월역 2BL 특별공급 신청자격

특별공급	
기관추천	청약통장 필요(6개월 이상, 예치금) ※ 철거민 및 도시재생부지제공자, 장애인, 국가유공자 불필요
다자녀가구	청약통장 필요(6개월 이상, 예치금) ※ 지역별/면적별 예치금 이상인 자
신혼부부	청약통장 필요(6개월 이상, 예치금) ※ 지역별/면적별 예치금 이상인 자
노부모부양	청약통장 필요(1순위, 12개월 이상, 예치금) ※ 지역별/면적별 예치금 이상인 자

생애최초	청약통장 필요(1순위, 12개월 이상, 예치금)
	※ 지역별/면적별 예치금 이상인 자

출처: 힐스테이트 초월역 2BL 입주자모집공고

입주자저축(청약통장) 가입 기간에 따른 가점(가점 상한 17점)

가점 구분	점수	가점 구분	점수
6개월 미만	1	8년 이상 ~ 9년 미만	10
6개월 이상 ~ 1년 미만	2	9년 이상 ~ 10년 미만	11
1년 이상 ~ 2년 미만	3	10년 이상 ~ 11년 미만	12
2년 이상 ~ 3년 미만	4	11년 이상 ~ 12년 미만	13
3년 이상 ~ 4년 미만	5	12년 이상 ~ 13년 미만	14
4년 이상 ~ 5년 미만	6	13년 이상 ~ 14년 미만	15
5년 이상 ~ 6년 미만	7	14년 이상 ~ 15년 미만	16
6년 이상 ~ 7년 미만	8	15년 이상	17
7년 이상 ~ 8년 미만	9		

출처: 주택공급에 관한 규칙 [별표 1] 가점제 적용기준

청약 당첨 가능성이 높은 지역으로 이사를 고려하자

현재 사는 지역에서 아파트 청약 가능성이 작으면 다른 지역으로의 이사도 고려해 봐야 한다. 청약 당첨에 모든 걸 걸고 무조건 이사를 하라는 게 아니다. 집에서 직장까지 거리가 멀어지면 불편한 점이 많다. 길에서 시간을 보내는 시간이 길어질수록 개인 시간이 줄어들고 전체적으로 삶의 질이 나빠진다. 이사를 한다고 무조건 청약에 당첨된다는 보장도 없기에 직주근접(직장과 주거 공간이 가까운 것)과 내 집 마련 도전 사이에서 딜레마에 빠질 수 있다.

내가 서울 마포 대신 경기도를 택한 이유

정답은 없기 때문에 현재 자신의 상황을 정확하게 분석한 뒤 행동으로 옮겨야 한다. 필자는 결혼 전에 서울 마포구 회사 인근 원룸에서 살고 있었다. 배우자는 경기도에서 서울 마포구에 있는 직장으로 출퇴근했다. 내 집 마련이 아니라 직주근접을 우선으로 봤다면 마포구에 신혼집을 구하는 방법이 가장 적절했다. 마포구는 편의시설이 잘 되어 있고 대출을 받는다면 방 2개 이상 빌라 전세를 구하기에도 충분했다. 둘 중 한 명의 직장에 걸어갈 수 있는 범위로 집을 알아보면 교통비까지 절약이 가능한 상황이었다.

하지만 서울에서 막 결혼한 신혼부부가 청약에 당첨될 가능성은 희박하다. 경기도와 비교해서 경쟁률이 비교할 수 없을 정도로 크게 높기 때문이다.

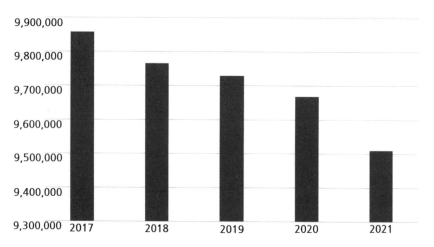

그림 2-1 2017~2021 서울특별시 총 인구수(명)

서울특별시 인구는 1,000만 명 밑으로 떨어진 후에도 계속 하락세를 보이고 있지만 2021년 기준 950만 명이 넘는다. 특별공급 중에서 경쟁률이 낮은 편에 속하는 다자녀가구 특별공급조차 서울에서는 경쟁이 치열하다. 특별공급이든 일반공급이든 가점이 높은 신청자들을 위한 그들만의 리그가 펼쳐지는 게 대부분이다. 금융권에서 대출이 안 나와도 입주에 문제가 없는 현금 부자들도 리그에 참여한다.

청약을 노려볼만한 경기도 핵심 지역 알아보기

 필자는 회사와 가까운 거리에 살면서 여가를 즐기기보다는 하루빨리 내 집을 마련해서 심리적 안정감을 채우겠다는 플랜을 세웠다. 청약 당첨 가능성을 높이려면 '당해지역'이라는 단어에 주목해야 한다. 주택공급에 관한 규칙 제4조(주택의 공급 대상)를 보면 투기를 방지하기 위해 필요한 상황에 해당 주택건설지역에서 거주기간이 일정 기간 이상인 자에게 주택을 우선 공급할 수 있다. 입주자모집공고일 기준 해당 주택건설지역이 수도권의 투기과열지구라면 2년 이상의 거주기간을 정하고 해당 기간 이상 거주하는 사람에게 우선 공급한다는 내용이 있다.

출퇴근이 가능한 범위에서 경기도 몇몇 도시를 후보로 골랐다. 다음은 2020년도에 신혼집을 구할 당시 고려했던 4개 도시에 대한 간략한 정보다. 세대 구성원의 행동반경을 고려해서 가능한 범위 내의 도시를 후보로 정하자. 내 집 마련 전까지는 자동차를 사지 않을 계획이라 대중교통 출퇴근 시간을 기준으로 했다. 출퇴근 시간은 둘 중 더 먼 사람의 출퇴근 시간을 기록했다. 해당 도시 내에서도 위치에 따라 시간은 차이가 발생할 수 있다.

청약을 고려했던 경기도 지역 비교

구분	경기도 파주시	경기도 고양시	경기도 성남시	경기도 과천시
공급 예정 물량	많음	많음	많음	보통
기대 수익	보통	보통	많음	많음
인구수(2021 기준)	48.3만 명	107.9만 명	93.1만 명	7.3만 명
출퇴근 시간(왕복)	약 2시간 20분	약 2시간	약 3시간 40분	약 3시간

경기도 파주시

 경기도 파주시는 운정 신도시 공급 물량이 계속 나올 예정이라 후보지에 있었다. 분양가가 저렴하게 나오는 단지에 청약 신청하면 어느 정도 시세 차익도 기대할 수 있는 지역이다. 파주시 인구는 2017년 43.8만 명에서 계속 늘어 2021년 기준 48.3만 명을 기록했다. 운정 신도시 입주 예정 단지도 많아 앞으로도 인구가 늘어날 전망이다. 직장까지 거리는 멀었지만 광역버스가 잘 되어 있어 거리보다는 시간이 덜 걸리는 편이다.

경기도 고양시

 경기도 고양시는 가장 우선순위로 고려했던 도시다. 공급 물량도 많을 것으로 예상되었고 파주와 동일하게 분양가가 저렴하게 나올 경우 시세 차익도 상당할 거라고 예상했다. 경기도 성남시와 과천시의 기대 수익이 커서 표에는 보통이라 표기했지만 억대의 시세 차익이 기대되는 지역이다. 경기도 파주시에 비해 서울 마포까지 수월하게 이동이 가능했다.

경기도 성남시

 경기도 성남시는 위례 신도시, 구도심 재개발·재건축, 분당 재건축·리모델링 등 공급 호재가 많은 지역이다. 분당 신도시가 재건축 가능 연한인 30년을 맞으며 호재도 많다. 청약 당첨 시 기대 수익도 높아 후보에 올렸지만 출퇴근에 너무 많은 시간을 소비해서 아쉽게도 선택할 수 없었다.

경기도 과천시

 마지막으로 경기도 과천시는 지식정보타운 사업과 재개발·재건축, 과천 주암지구 등 공급 호재가 많았다. 이미 재건축이 완료된 단지도 있었고, 준공 중이거나 예정인 단지도 있어 관심이 많이 갔다. 성남시만큼은 아니지만 당시 회사가 마포 구석에 위치해 출퇴근에 상당한 시간이 걸렸다. 4개 도시 중에 전·월세 부담이 가장 큰 도시였다.

고양시 VS 과천시

 최종 후보는 경기도 고양시와 과천시로 좁혀졌다. 경기도 고양시는 회사까지 거리가 가장 가까워 출퇴근 부담이 적었다. 늦게까지 야근하는 경우에는 택시를 이용해도 부담이 크지 않았다. 경기도 과천시는 공급 호재에 비해 적은 인구수가 매력적이었다. 나이별 구성비를 봐도 청년층이 다른 지역에 비해 적어서 특별공급 당첨 가능성이 높다고 판단했었다.

출퇴근에 대한 부담으로 결정하지 못하고 있던 차에 희소식이 들려왔다. 회사 인원 일부가 서울시 중구에 위치한 별도 사무실로 이동하는 것으로 결정됐다. 왕복 3시간을 잡았던 출퇴근이 2시간 이내로 좁혀지면서 경기도 과천시로 신혼집이 확정됐다.

예상 밖의 기회

 과천 주암지구의 경우 지역 우선 거주기간 2년 조건이 있었지만 본청약 예정 시기가 24년 10월 15일경으로 정해지면서 입주자 모집공고일 2021년 11월 18일 직전에 전입한 세대도 모두 당해 지역 신청이 가능했다. 전입 시점에는 지역 거주 우선 기간을 채우지 못하지만 본 청약 예정일이 약 3년 뒤로 잡혔기 때문이다. 과천 주암지구 신혼희망 타운은 당해지역 미달을 기록해 신청자 전원이 당첨되는 기쁨을 누렸다. 흔히 말하는 '무혈입성'이 가능했다. 물론 본청약 예정 시기는 추후 사업 추진 상황에 따라 바뀔 수도 있지만 말이다.

과천 주암과 시흥 하중의 본청약 예상 시기

지구	지역우선 거주기간	본청약 예정 시기
과천 주암	과천시: 2년	2024년 10월 15일 경
시흥 하중	시흥시: 1년	2025년 3월 15일 경

출처: 2021년 사전청약 3차지구 신혼희망타운(공공분양) 입주자모집공고

지금 살고 있는 지역에서 청약 당첨 가능성이 낮다면 가능성을 높일 수 있는 지역으로 미리 이사를 가는 것도 고려하자. 여러 개의 후보지를 두고 장단점을 분석한 뒤에 빠르게 이동해야 한다. 공급 건에 따라 당해지역 우대 조건이 다를 수 있기 때문이다.

계약금 납부를
위한 목돈을 모으자

아파트 청약에 당첨된다고 하늘에서 내 집이 뚝 떨어지지 않는다. 당장 계약금 납부를 위한 돈을 준비해야 한다. 계약금은 통상 분양가의 10~20%에서 결정된다. 서울이나 수도권의 인기 지역 새 아파트는 20%의 계약금을 요구하는 경우가 많아 청약 신청에 부담으로 작용하기도 했다. 분양가가 8억 원인 경우 1억 6,000만 원을 계약 체결 시점에 준비해야 한다.

계약금은 해당 지역에 대한 관심도나 분양가의 영향을 받는다. 미분양을 우려하는 단지는 계약금을 1,000만 원만 받고 중도금 대출 무이자 혜택을 주기도 한다. 분양가를 높게 책정한 수도권 일부 단지는 계약금을 10%로 책정하기도 했다. 건설사 입장에서는 사업 초기에 들어가는 비용 부담을 줄이기 위해 계약금을 많이 받아 두길 원한다. 계약금이 높으면 자금력이 있는 실수요 신청자를 모집할 수 있지만 미분양이나 미계약의 리스크도 높아진다. 자금 여유가 있는 건설사는 계약금을 낮춰서라도 계약자를 확보하려는 노력도 하고 있다.

경기도 광주시 힐스테이트 초월역 2BL 청약 및 계약 주요 일정

구분	특별공급	일반1순위	일반2순위
일정	2021.12.27	2021.12.28	2021.12.29
방법	인터넷 청약	인터넷 청약	인터넷 청약

당첨자발표	서류접수	계약체결
2022.1.5	2022.1.8 ~ 2022.1.13	2022.1.17 ~2022.1.21
개별 조회	방문 접수	방문 접수

출처: 힐스테이트 초월역 2BL 입주자모집공고

당첨자 발표부터 계약 체결까지 시간이 충분히 주어지지 않기에 미리 계약금을 준비하거나 계획을 세우지 않으면 큰 기회를 놓치게 된다. 힘들게 당첨이 되고도 계약을 포기하면 이후에 재당첨이 제한되고 심리적인 타격도 엄청나다.

아파트 청약 신청하려는 지역의 계약금 추이를 살펴보고 그에 맞춰 계약금 납부를 위한 목돈을 모아야 한다. 계약금 낼 돈이 부족할 경우 금융권에서 신용대출을 받는 방법도 있지만 특별한 경우를 제외하고는 추천하지 않는다.

특별한 경우는 돈은 있지만 다른 용도로 묶여 있어 지금 당장 가용하기 어려운 상황 등을 말한다. 부모님이 청약 당첨만 되면 증여를 통해 돈을 지원하겠다는 경우가 아니면 계약금은 보유한 자금 내에서 해결하는 게 좋다.

경기도 광주시 힐스테이트 초월역 2BL의 타입별 공급금액의 일부를 정리한 내용이다. 필요한 금액은 입주자모집공고문에서 확인하면 된

다. 층별로 가격이 다르지만 몇 층에 배정될 지 모르니 고층 최고가격을 기준으로 했다.

힐스테이트 초월역 2BL 공급금액(단위: 원, VAT포함, 층별 최고가격 기준)

타입	공급금액	계약금(10%)	중도금(60%)	잔금(30%)
64A	403,500,000	40,350,000	242,100,000	121,050,000
74D	472,900,000	47,290,000	283,740,000	141,870,000
84A	543,300,000	54,330,000	325,980,000	162,990,000
101	652,205,000	65,220,500	391,323,000	195,661,500

출처: 힐스테이트 초월역 2BL 입주자모집공고

만약 전용 64m² 타입 청약에 당첨되면 계약금 10%에 해당하는 40,350,000원을 마련해야 한다. 계약금 20%를 내야 하는 단지라면 80,700,000원의 큰돈이 필요하다. 청약 신청할 평형과 계약금 비율을 보면 모아야 할 금액이 나온다.

자신만의 재테크 방법을 통해 목돈을 빨리 모아야 한다. 개인마다 주어진 환경이 다르겠지만 특별공급을 최적의 조건에서 활용할 수 있는 기간은 한정적이다. 한정적인 시간에 많은 돈을 모으려면 투자금을 늘리거나 수익률을 올려야 한다. 투자금을 늘리기 위해서는 지금보다 더 많은 소득을 올리거나 소비를 줄여야 한다.

필자는 빠른 기간에 목돈을 모으기 위해 2가지 방법을 모두 사용했다. 이직으로 연봉을 올려서 소득을 늘리고 극단적으로 소비를 줄였다. 결혼 전에는 평균적으로 80%대의 저축률을 유지했고 심할 때는 소득의 90%를 넘게 저축한 달도 있었다. 통장에 300만 원이 들어왔다고 가정하면 30만 원 이내로 한 달을 버틴 셈이다. 자전거로 출퇴근해서 교통비를 줄이고 점심도 자취방에서 먹거나 먹지 않고 산책을 했다. 일부러 야근을 하지는 않았지만 수당이 나오는 범위 안에서는 야근도 마다하지 않았다.

계약금은 분양가의 10~20%밖에 안 되기 때문에 앞으로도 갈 길이 멀다. 하지만 계약금을 낼 돈도 없는 상황이라면 선택의 폭이 굉장히 좁아진다. 사전청약의 경우 본청약 시점에 계약금을 납부하기 때문에 청약 신청이 가능하긴 하다. 그러나 돈을 낼 시간이 조금 뒤로 늦춰졌을 뿐 근본적인 해결이 되지 않는다. 하고 싶은 것도 사고 싶은 것도 많지만 내 집 마련이 버킷리스트의 우선순위에 있다면 몇 년만 꾹 참고 목돈을 모으자.

청약 입주자모집공고문 제대로 읽기

아파트 청약에 도전하려면 입주자 모집공고문에 대해 정확하게 알아야 한다. 수십 페이지 분량이 빽빽하게 채워진 입주자 모집공고문을 보면 한숨이 나올지도 모른다. 평소에 보지 못한 용어도 다수 등장해서 진입 장벽이 높게 느껴진다. 다행히도 입주자 모집 공고는 지역만 다를 뿐, 비슷한 구성으로 되어 있다. 한 번만 제대로 분석하면 그다음부터는 어렵지 않게 자신에게 필요한 내용을 확인할 수 있다. 오래 걸리지도 않는 분석으로 내 집 마련에 한 발짝 더 가까이 다가간다면 남는 장사다.

이번 장에서는 모집공고문 순서대로 확실히 인지하고 넘어가야 하는 부분을 정리했다. 경기도 과천지식정보타운 S-8BL 공공분양주택 입주자모집공고를 참고로 작성했다. 입주자 모집공고에서 가장 먼저 확인할 내용은 공급 위치, 공급 대상 그리고 입주자 모집공고일이다. 다른 모집공고문도 전체적인 틀은 유사하다.

■ 공급 위치: 경기도 과천시 갈현동 일원 과천지식정보타운 공공주택지구 S-8BL

■ 공급 대상: 과천 지식정보타운 S-8블록 659세대 중 공공분양 318세대

■ 이 주택의 입주자모집공고일은 2021.08.13.(금)입니다.

주변에 어떤 기반 시설이 있고 인근 신축 아파트와 구축 아파트의 시세는 어떠한지 등을 분석하려면 해당 단지의 공급 위치는 가장 기본적으로 알아야 한다. 공급 대상은 청약 가능성과 직결되는 부분이다. 총 몇 세대를 공급하고 그중에서 신청 요건이 되는 세대 수는 얼마나 되는지 확인해야 한다. 입주자 모집공고일은 청약 자격을 판단하는 가장 중요한 날짜이다.

세대 구성원이 몇 명인지, 해당 지역에 거주한 기간은 얼마나 되는지, 주택을 소유하고 있었는지 등에 대한 내용을 '모집공고일'을 기준으로 판단한다.

예를 들어 2019년 8월 14일에 경기도 과천에 전입한 경우 입주자 모집공고일인 2021년 8월 13일 기준으로 2년을 채우지 못했다. 입주자 모집공고일 기준으로 2년 이상 거주해야 당해지역 우선 공급 대상이 된다. 관심 있는 단지에 대한 정보를 미리 확인해서 모집공고일 전에 청약 신청 요건을 충족해야 한다.

입주자 모집공고문에서 가장 중요한 내용은 앞부분에 전체적으로 요약이 되어 있다. 초반에 요약된 정보를 통해 자신이 지원 가능한지를 파악하고 이후에 상세 내용을 보면서 다시 한번 확인하는 방식으로 보

면 된다.

■ 이 주택은 투기과열지구, 청약과열지역 내 대규모 택지개발지구에서 공급되는 주택으로서, 「주택공급에 관한 규칙」제34조(대규모 택지개발지구 등에서의 우선 공급)에 따라 과천시에 2년 이상 거주자 30%, 경기도에 2년 이상 거주자에게 20%, 기타지역 거주자(서울특별시, 인천광역시 및 경기도 2년 미만 거주자) 50% 순으로 지역 우선 공급이 적용됩니다.

정부는 주택에 대한 투기 수요를 막기 위해 투기과열지구나 조정대상지역을 지정하고 관리한다. 또한 주택공급에 관한 규칙에 따라 지역 우선 공급물량의 기준도 정해진다. 투기과열지구나, 조정대상지역에 해당하면 여러 규제가 적용된다.

과천 지식정보타운 S-8의 규제 사항

구분	기준일(~로부터)	기간	관련 법령
재당첨제한	당첨자 발표일	10년	제54조제1항 제2호나목 및 제57조
전매제한	당첨자 발표일	10년	「주택법」제64조
거주의무	최초 입주가능일	5년	「주택법」제57조의2

출처: 과천지식정보타운 S-8BL 공공분양주택 입주자모집공고

재당첨 제한

 주택 공급에 대한 규칙 제54조에 따르면 당첨된 주택이 분양가상한제 적용주택 및 투기과열지구에서 공급되는 주택이면 당첨일로부터 10년간 재당첨을 제한한다(어떤 주택인지에 따라 재당첨 기간이 다르게 적용).

전매제한

 투기과열지구에서 건설 및 공급되는 주택은 최대 10년의 전매 제한이 적용된다. 전매 제한 동안은 해당 주택을 매매 또는 증여할 수 없다는 의미이다(상속의 경우는 제외함). 전매 제한 기간은 주택의 수급이나 투기 상황에 따라 대통령령으로 지역별로 다르게 정할 수 있다. 전매 제한 사항을 위반하면 10년의 범위에서 입주자 자격이 제한될 수 있다.

거주의무

 주택법에 따라 분양가상한제 적용주택 등은 입주자 거주의무도 주어진다. 해외 체류 등 대통령령으로 정하는 특별한 사유가 없는 이상 최초 입주 가능일로부터 최대 5년의 범위에서 그 주택에 의무적으로 거주해야 한다. 당첨 후 전·월세 세입자를 받는 갭투자가 불가능하기 때문에 자금 조달에 신경 써야 한다. 거주의무를 위반하는 경우 한국토지주택공사에 의해 집이 환매 처리될 수 있다. 환매 시 당첨자가 낸 입주금에 은행의 1년 만기 정기예금 평균 이자율을 적용한 이자만 받게된다. 시세 차익이 수억 원 예상되는 아파트에 당첨이 돼도 은행이자 수준 밖에 받을 수 없기 때문에 주의해야 한다.

자산 및 소득 요건

 공급 대상별 입주자저축(청약통장) 및 자산·소득 요건을 보고 어떤 자격으로 청약에 신청할지 정하면 된다. 자세한 자격요건에 대한 내용도 공고문에 나와 있다. 공급 단지마다 내용이 다르니 다음 표를 기준으로 학습을 하고 실제 신청하는 단지와 비교해보면 이해가 쉽다.

공급대상별 입주자저축(청약통장) 및 자산·소득 요건

특별공급	기관추천
입주자저축	필요(6개월, 6회 이상) ※ 국가유공자, 장애인, 철거민 등 불필요
자산요건	미적용
소득요건	미적용
세대주요건	미적용

특별공급	다자녀가구	신혼부부
입주자저축	필요(6개월, 6회 이상)	필요(6개월, 6회 이상)
자산요건	적용	적용
소득요건	적용	적용
세대주요건	미적용	미적용

특별공급	노부모부양	생애최초
입주자저축	필요(24개월, 24회 이상)	필요(24개월, 24회 이상) ※ 선납금 포함, 600만 원 이상
자산요건	적용	적용
소득요건	적용	적용
세대주요건	적용	적용

일반공급	1순위	2순위
입주자저축	필요(24개월, 24회 이상)	필요
자산요건	미적용	미적용
소득요건	미적용	미적용
세대주요건	적용	미적용

출처: 과천지식정보타운 S-8BL 공공분양주택 입주자모집공고

청약 신청 일자와 당첨 이후 주요 일정도 잘 확인해야 한다. 특별공급과 일반공급의 신청 일자가 다르니 자신에게 해당하는 날짜에 잊지 말고 청약 신청을 하자. 당첨자 발표일에 목록에 자신의 이름이 있다면 서류 접수 기간에 필요한 서류를 제출하고 계약일에 방문하면 된다. 과천 지식정보타운 S-8의 공급 규모는 318세대라고 확인을 했다. 세대가 정확히 어떤 방식으로 공급이 되는지 보고 플랜을 세워야 한다.

지식정보타운 S-8BL 타입별 공급면적과 공급세대수

주택형	주택 타입	세대당 주택면적(㎡)				계약 면적	공유 대지 면적 (㎡)
		공급면적		그 밖의 공용면적			
		주거 전용	주거 공용	기타 공용	지하 주차장		
084.9900A	84A	84.9900	29.7555	9.1749	57.8140	181.7344	58.5892
084.9900	84A1	84.9900	29.7555	9.1749	57.8140	181.7344	58.5892
084.8100B	84B	84.8100	30.4477	9.1554	57.6915	182.1046	58.8222
084.8100	84B1	84.8100	30.4477	9.1554	57.6915	182.1046	58.8222

주택형	공급 세대수							
	계	특별공급						일반 공급
		다자녀 가구	신혼 부부	생애 최초	노부모 부양	국가 유공자	기타 특별공급	
084.9900A	318	31	95	79	15	15	31	52
084.9900	227	23	68	57	11	12	23	33
084.9900	9	–	2	2	–	–	–	5
084.8100B	79	8	24	20	4	3	8	12
084.8100	3	–	1	–	–	–	–	2

출처: 과천지식정보타운 S-8BL 공공분양주택 입주자모집공고

주택형이나 주택 타입에 84라는 숫자는 주거 전용 면적을 의미한다. 주거 전용 면적에 0.3025를 곱하면 평수로 환산이 된다. 84A 타입으로 계산하면 84.99 x 0.3025 = 약 25.7평이 된다. 공급 세대수의 세부 사항도 꼼꼼히 봐야 한다.

분양(공급)급액

 신청 자격만큼이나 중요한 공급금액도 확인해야 한다. 당첨되어도 돈을 마련하지 못하면 의미가 없다. 주택 타입별, 층별로 공급금액이 다르기 때문에 가지고 있는 자금, 입주 시까지 추가로 모을 수 있는 금액과 부모님의 지원 등을 모두 고려해서 신청 가능 여부를 판단하자.

지식정보타운 S-8BL 타입별 계약금, 중도금, 잔금

타입	층별	공급금액	계약금	중도금 6회 (총 6번 납부함)	잔금	
					융자금 제외 금액	융자금 (주택도시 기금)
84A	5층 이상	852,500,000	170,500,000	85,250,000	95,500,000	75,000,000
	4층	835,400,000	167,080,000	83,540,000	92,080,000	75,000,000
	3층	818,400,000	163,680,000	81,840,000	88,680,000	75,000,000
	2층	809,800,000	161,960,000	80,980,000	86,960,000	75,000,000
	1층	797,000,000	159,400,000	79,700,000	84,400,000	75,000,000

타입	층별	공급금액	계약금	중도금 6회 (총 6번 납부함)	잔금	
					융자금 제외 금액	융자금 (주택도시 기금)
84A1	최상층	872,600,000	174,520,000	87,260,000	99,520,000	75,000,000

타입	층별	공급금액	계약금	중도금 6회 (총 6번 납부함)	잔금	
					융자금 제외 금액	융자금 (주택도시 기금)
84B	5층 이상	841,400,000	168,280,000	84,140,000	93,280,000	75,000,000
	4층	824,500,000	164,900,000	82,450,000	89,900,000	75,000,000
	3층	807,700,000	161,540,000	80,770,000	86,540,000	75,000,000
	2층	799,300,000	159,860,000	79,930,000	84,860,000	75,000,000
	1층	786,700,000	157,340,000	78,670,000	82,340,000	75,000,000

타입	층별	공급금액	계약금	중도금 6회 (총 6번 납부함)	잔금	
					융자금 제외 금액	융자금 (주택도시 기금)
84B1	최상층	861,500,000	172,300,000	86,150,000	97,300,000	75,000,000

출처: 과천지식정보타운 S-8BL 공공분양주택 입주자모집공고

예시로 든 단지는 계약금을 20%나 마련해야 한다. 계약 시점까지 약 1억 7,000만 원의 돈을 준비해야 하고, 이후에도 6번의 중도금과 잔금까지 남아 있다. 중도금과 잔금 납부 관련 내용도 함께 봐야 한다.

■ 금회 공급하는 공공분양주택은 유이자(대출이자 직접납부) 방식으로 중도금 대출을 추진할 계획입니다. 중도금 대출과 관련한 상세한 내용은 Ⅷ. 기타 유의 사항 및 안내사항에서 반드시 확인하여 주시기 바랍니다. 금융권의 중도금 집단 대출규제로 인하여 중도금 대출이 현재 불투명한 상황이며, 중도금 집단대출이 불가할 경우 수분양자 자력으로 중도금을 납부해야 함을 알려드립니다.

표의 내용을 보면 중도금 대출이 유이자 방식으로 추진된다는 걸 알 수 있다. 유이자 방식은 입주예정자가 중도금 대출 이자를 내야 한다. 금융권에서 중도금 대출받으면 그만큼 비용 부담이 커진다. 일부 공급 단지는 중도금 대출을 무이자로 진행하기도 한다. 정부의 대출 규제로 인해 중도금 대출이 불가능할 경우를 대비하여 공고문에도 면책을 위한 문구를 추가한 모습이다.

유상 옵션

공급금액이 전부가 아니다. 발코니 확장 및 추가 유상 옵션 비용도 고려해야 한다. 발코니 확장과 옵션 비용도 공급 단지와 주택 타입에 따라 다르니 입주자 모집공고문을 확인하자.

발코니 확장 금액

(단위: 원, VAT 포함)

타입	공급금액	계약금	중도금	잔금
84A	8,032,000	1,000,000	1,000,000	6,032,000
84A1	8,562,000	1,000,000	1,000,000	6,562,000
84B	8,092,000	1,000,000	1,000,000	6,092,000
84B1	8,622,000	1,000,000	1,000,000	6,622,000

출처: 과천지식정보타운 S-8BL 공공분양주택 입주자모집공고

최근 신규 아파트는 발코니 확장을 전제로 설계하는 경우가 많아 거의 필수 옵션 항목이다. 미분양을 걱정하는 일부 단지는 발코니 확장을 무상으로 제공하는 경우도 있다. 유상 발코니 확장 비용은 공급 금액과는 별도로 내야 하는 돈이다. 분양가 상한제로 인해 예전에는 무상으로 제공되던 옵션이 유상으로 변경된 케이스가 많다. 발코니 확장 외에 시스템 에어컨도 옵션으로 넣는 경우가 많다. 입주 후에 별도로 시공 및 설치하는 작업이 번거롭기 때문이다.

시스템 에어컨 옵션 금액

(단위: 원, VAT 포함)

타입	선택안	금액	계약금	중도금	잔금
84A, 84A1 84B, 84B1	1안 (3대)	5,500,000	1,000,000	1,000,000	3,500,000
	2안 (5대)	8,500,000	1,000,000	1,000,000	6,500,000

출처: 과천지식정보타운 S-8BL 공공분양주택 입주자모집공고

그 외에도 신청 시 확인이나 기타 유의 및 안내 사항 부분을 보면서 놓친 부분이 없는지 다시 확인하면 된다.

청약 꿀팁

주요 청약 관련 용어

처음 입주자 모집공고문을 봤다면 평소에 쓰지 않던 용어들에 당황할 확률이 높다. 입주자 모집 공고에 나오는 단어만 제대로 알아도 경제 전반에 대한 배경지식을 쌓을 수 있다.

국민주택, 민영주택, 공공주택의 차이

국민주택규모

국민주택에 대해 설명하기 전에 '국민주택규모'에 관해 알아야 한다 (주택법 제2조제5호~제7호, 공공주택 특별법 제2조제1호). 국민주택규모란 주거의 용도로만 쓰이는 면적이 85m² 이하인 주택을 말한다. 단, 수도권 및 도시지역이 아닌 읍 또는 면 지역은 주거의 용도로만 쓰이는 면적이 100m² 이하의 주택을 말한다.

국민주택

국민주택은 국민주택규모 이하 조건을 갖춰야 한다. 여기에 다음 2가지 항목 중 하나에 해당하면 국민주택이 된다. 쉽게 설명하면 공공의 목적으로 일정 규모 이하의 면적으로 지어지는 주택이다.

1. 국가, 지방자치단체, LH, 지방공사가 건설하는 주택
2. 국가나 지방자치단체의 재정 또는 주택도시기금에서 자금을 지원받아 건설되거나 개량되는 주택

민영주택

민영주택은 국민주택을 제외한 나머지 주택을 말한다.

공공주택

공공주택은 공공주택특별법을 적용받는 주택이다. 공공 주택 사업자가 국가 또는 지방자치단체의 재정이나 주택도시기금을 지원받아 건설 또는 매입하는 형태다. 공공 주택은 임대 또는 임대 후 분양전환을 목적으로 공급하는 주택인 공공임대주택과 분양을 목적으로 공급하는 국민주택규모 이하의 주택인 공공분양주택이 있다.

토지임대부 분양주택

일명 반값 아파트라 불리는 토지임대부 분양주택이란(주택법 제2조 제9호) 무엇일까? 공공에서 토지의 소유권을 가지고 건물에 대한 부분만 분양받은 사람이 가지는 주택이다. 분양받은 사람은 토지에 대한 소유권이 없기 때문에 토지를 빌리는 것에 대한 토지 임대료를 지불한다.

무주택 세대구성원

무주택세대구성원이란(주택공급에 관한 규칙 제2조제4호, 제2조제2의3호) 세대원 전원이 주택을 소유하고 있지 않은 세대의 구성원을 말한다. 세대란 아래에 해당하는 사람으로 구성된 집단을 의미한다.

가. 주택공급신청자

나. 주택공급신청자의 배우자

다. 주택공급신청자의 직계존속(주택공급신청자의 배우자의 직계존속을 포함)으로서 주택공급신청자 또는 주택공급신청자의 배우자와 같은 세대별 주민등록표에 등재되어 있는 사람

라. 주택공급신청자의 직계비속(직계비속의 배우자를 포함)으로서 주택공급신청자 또는 주택공급신청자의 배우자와 세대별 주민등록표에 함께 등재되어 있는 사람

마. 주택공급신청자의 배우자의 직계비속으로서 주택공급신청자와 세대별 주민등록표에 함께 등재되어 있는 사람

다음 표를 보면 더 쉽게 이해할 수 있다. 본인이나 배우자의 부모, 조부모는 세대원이지만 형제, 자매는 해당하지 않는다.

세대에 속한 자 여부(주민등록표상 청약신청자와 함께 등재된 경우)

관계	세대에 속한 자 여부
본인	–
배우자	O
직계존속 (부모, 조부모 등)	O
배우자의 직계존속 (배우자의 부모, 조부모 등)	O
자녀, 손자녀 등	O
사위, 며느리	O
형제, 자매	X
배우자의 형제, 자매	X

출처: 청약홈

신청자의 세대별 주민등록표상에 함께 등재된 배우자의 직계존속 및 직계비속의 배우자도 주택유형(국민 또는 민영)에 관계없이 세대에 포함한다.

투기과열지구와 조정대상지역의 차이

투기과열지구는 주택가격의 안정을 위해 국토교통부 장관 또는 시·도지사가 주거정책심의위원회를 거쳐 지정한다(주택법 제63조, 제63조의2). 투기과열지구는 해당 지역의 주택가격 상승률이 물가 상승률보다 현저히 높은 지역이어야 한다. 주택에 대한 투기가 성행하고 있거나 성행할 우려가 있는 지역에 지정된다.

청약 꿀팁

1순위로 청약이 불가한 조건

민영주택	국민주택
- 세대주가 아닌 자	- 세대주가 아닌 자
- 과거 5년 이내에 다른 주택에 당첨된 자의 세대에 속한 자	- 과거 5년 이내에 다른 주택에 당첨된 자가 속해 있는 무주택세대구성원
- 2주택(청약신청 하려는 주택이 토지임대부 분양주택인 경우에는 1주택) 이상을 소유한 세대에 속한 자	- 투기과열지구내 주택(민영주택 및 분양가상한제 미적용주택 포함)은 당첨 시 재당첨 제한이 적용
* 민영주택 청약 시에는 배우자의 직계존속도 세대에 속한 자에 포함	

출처: 청약홈

투기과열지구 지정 현황은 국토교통부 홈페이지 〉 정책자료 〉 법령정보 〉 행정규칙(훈령, 예규, 고시)에서 '투기과열지구'라는 단어를 입력 후 검색하면 된다. 다음 지정지역은 2022년 2월 말 기준으로 조회한 내용이다.

2022년 2월 기준 투기과열지구

지정일자	지정지역
2017. 8. 3	서울특별시 전역, 경기도 과천시, 세종특별자치시
2017. 9. 6	경기도 성남시 분당구, 대구광역시 수성구
2018. 8. 28	경기도 광명시, 하남시
2020. 6. 19	경기도 수원시, 성남시 수정구, 안양시, 안산시 단원구, 구리시, 군포시, 의왕시, 용인시 수지구·기흥구, 동탄2택지개발지구, 인천광역시 연수구, 남동구, 서구, 대전광역시 동구, 중구, 서구, 유성구
2020. 12. 18	경상남도 창원시 의창구(대산면, 동읍 및 북면제외)

출처: 국토교통부

조정대상지역은 주택가격, 청약경쟁률, 분양권 전매량 및 주택보급률 등을 고려하였을 때 주택 분양 등이 과열되어 있거나 과열될 우려가 있는 지역에 지정한다. 조정대상지역 지정 현황도 국토교통부 홈페이지 행정규칙(훈령, 예규, 고시)에서 '조정대상지역'이라는 단어를 입력 후 검색하면 된다. 조정대상지역은 읍·면 단위로 지정되는 경우도 많다.

LTV, DTI, DSR에 대한 이해

LTV

담보인정비율 LTV(Loan To Value ratio)는 자산의 담보가치 대비 대출금액의 비율을 의미한다. 대출해주는 금융기관은 대출 채권이 부도가 나는 경우 담보자산을 처분해서 대출 채권을 상환한다. 이때 상환금이 부족하지 않도록 담보인정비율(LTV)을 정하고 그 이내에서 대출을 해준다. 예를 들어 주택을 담보로 돈을 빌린 사람이 대출을 갚지 못하는 경우 해당 주택은 경매로 넘어갈 수 있다. 금융기관은 해당 주택이 경매로 넘어가도 대출해준 금액을 회수할 수 있는 범위 내에서 LTV를 관리한다.

DTI

총부채상환비율 DTI(Debt To Income ratio)는 돈을 빌린 사람(차주)의 금융부채 원리금 상환액이 소득에서 차지하는 비율을 말한다. 대출 채권의 상환은 일차적으로 돈을 빌린 사람의 소득에 의해 이뤄지기 때문에 금융기관은 담보대출을 취급할 때 돈을 빌린 사람의 채무 상환능력을 판단하는 하나의 기준으로 총부채상환비율(DTI)을 참고한다.

DSR

총부채원리금상환비율 DSR(Debt Service Ratio)은 돈을 빌린 사람(차주)이 보유한 금융 부채의 원리금 상환액이 연 소득에서 차지하는 비율을 의미한다. 돈을 빌린 사람의 금융부채 상환 부담을 더욱 정확하게 판단하기 위해 도입됐다. 기존의 금융기관이 담보를 기준으로 대출을 심사했다면, 앞으로는 상환능력에 기반해서 대출을 취급하는 관행을 정착시키겠다는 제도이다.

아파트 면적에 대한 이해

입주자 모집공고문을 보면 아파트 면적에 대해 여러 용어를 사용하고 있다. 전용면적, 공용면적, 공급면적, 계약면적 등 헷갈리는 부분에 대해 확실하게 이해하고 넘어가자. 용어에 대한 설명은 법령에 따라 일부 다르게 해석될 수 있는 부분도 있다(주택공급에 관한 규칙 제21조).

전용면적

전용면적은 주거의 용도로 각 세대가 독립적으로 사용하는 면적을 말한다. 방, 주방, 거실, 화장실 등의 면적을 더한 값이다. 최근 지어진 아파트는 발코니 확장을 전제로 설계하는 경우가 많은데 발코니 공간은 일종의 서비스 면적이다.

청약 꿀팁

발코니 공간은 전용면적에 포함되지 않지만 확장을 하면 전용면적처럼 쓸 수가 있어 실면적이라는 용어도 사용한다. 전용면적이 같아도 서비스 면적이 많이 포함된 집은 더 넓게 사용하는 셈이다. 입주자 모집공고문에 주택형으로 표기된 59m^2, 84m^2, 101m^2 등이 전용면적을 의미한다.

공용면적

공용면적은 독립적으로 사용하는 공간이 아니라 공용으로 사용하는 면적을 말한다. 공용면적은 주거 공용면적과 그 밖의 공용면적으로 나뉜다. 주거 공용면적은 계단, 복도, 현관 등 공동주택의 지상층에 있는 공용면적을 의미한다. 그 밖의 공용면적은 주거 공용면적을 제외한 지하층, 관리사무소, 노인정 등의 공용면적을 뜻한다.

공급면적

공급면적은 전용면적과 주거 공용공간을 합친 면적이라 보면 된다. 마지막으로 계약면적은 공급면적과 그 밖의 공용면적을 더한 값으로 가장 범위가 넓다.

아파트 판상형과 타워형의 차이

아파트는 크게 판상형과 타워형으로 나뉜다. 아파트 분양시장에서 판상형에 대한 선호도가 높아지면서 판상형의 비중을 높이는 단지가 늘어나고 있다. 판상형은 쉽게 설명하면 우리가 흔히 아는 직사각형 성냥갑 모양의 아파트다. 과거에는 특색 없이 천편일률적으로 지어진 아파트 단지를 보고 도시미관을 해친다고 해서 외면했던 형태지만 요즘은 실용성이 높고 매도 시 더 높은 시세 차익을 기대할 수 있다는 부분에서 인기가 많다.

판상형

판상형은 반듯한 네모형으로 설계가 되어 있어 공간 활용 측면에서 좋다. 발코니를 확장하게 되면 서비스 면적이 넓어 실면적을 많이 확보할 수 있다. 방과 거실이 햇빛이 들어오는 전면에 위치해 채광이 좋아 난방 비용이 절감된다. 거실이 위치한 전면부와 주방이 위치한 후면이 뚫려 있어 통풍이 잘되는 점도 큰 장점이다.

타워형

타워형은 다양한 구조로 아파트를 설계할 수 있어 미관상 우수하다는 평가를 받는다. 남향이 아니라 다양한 방향으로 아파트를 지을 수 있다는 장점이 있지만 동시에 단점이 되기도 한다. 방향에 따라 일조

권에서 손해를 볼 수 있기 때문이다.

혼합형

최근에는 판상형과 타워형의 장점을 섞은 혼합형 아파트가 인기다. 효율성을 확보하면서도 도시미관을 해치지 않는 선에서 다양한 평면 으로 설계하고 있다.

PART 03

나만의
청약 플랜을
세우자

특별공급을 1순위로
고려하자

청약에 관심이 생겼다면 우선 특별공급 조건을 자세히 살펴보자. 모든 특별공급 조건을 암기할 필요는 없다. 전체적인 흐름에 대해 이해하고 나에게 해당하는지를 확인하면 된다.

특별공급이란 특정한 조건을 갖춘 국민에게 우선하여 주택을 공급해주는 제도이다. 특별공급에는 신혼부부, 생애최초, 다자녀가구, 노부모부양, 기관추천 등이 있다. 국민주택, 민영주택 여부에 따라 특별공급 물량 공급 비율이 다른 점도 청약 시 고려 사항이다. 신혼부부 특별공급과 생애최초 특별공급의 경우 국민주택은 더 높은 비율로 배정이 되어있는 부분을 참고하자.

현행 특별공급 제도 요약

구분		공급 비율	
		국민주택	민영주택
계		85%	63%(공공) 53%(민간)
기관추천	국가유공자	5%	
	장애인, 중소기업 근로자 등	10%	10%
다자녀가구 특별공급		10%	10%
노부모부양 특별공급		5%	3%
신혼부부 특별공급		30%	20%
생애최초 특별공급		25%	공공택지 20% 민간택지 10%

출처: 국토교통부 보도자료(2021.9.7)

특별공급은 특정 계층을 위한 혜택이기 때문에 세대당 평생 1회만 당첨이 가능하다. 단 한 번의 당첨 기회를 잘 활용하여 내 집 마련의 꿈을 이루려면 나만의 청약 플랜을 세우는 게 중요하다. 특별공급 신청을 하려면 일반 공급과 동일하게 기본적으로 청약통장을 보유해야 한다. 단, 주택공급에 관한 규칙 제35조와 36조에 해당하는 경우 청약통장이 없어도 가능한 경우도 있다(장애인, 국가유공자, 외국인 등). 특별공급 종류별로 청약통장 납입 인정 금액이나 기간에 대한 기준이 다르기 때문에 입주자모집공고문을 정확히 확인해야 한다.

다음 표는 LH에서 발표한 21년 사전청약 3차 지구 공공분양주택 입주자모집공고의 특별공급 자격 조건이다. 노부모부양과 생애최초 특별공급의 경우 투기과열지구 및 청약과열지구의 입주자저축(청약통장) 1순위 요건을 충족해야 한다. 당시 공급한 지구 중에 하남 교산과 과천 주암은 투기과열지구이고, 양주 회천은 청약과열지역에 속해 있었다.

이 경우 입주자저축에 가입한 지 2년이 지나야 하고, 매월 약정납입일에 월 납입금을 24회 이상 납입해야 청약 신청이 가능하다. 또한 세대주, 무주택세대구성원으로서 과거 5년 이내에 무주택세대구성원 전원이 다른 주택의 당첨 이력이 없어야 1순위 조건을 충족한다. 공공, 민간분양에 따른 특별공급 차이점은 다음 주제에서 살펴보자.

특별공급의 자산, 소득, 세대주 요건

특별공급	기관추천
입주자저축	필요(6개월, 6회 이상) ※ 국가유공자, 장애인, 철거민 등 불필요
자산요건	미적용
소득요건	미적용
세대주요건	미적용

특별공급	다자녀가구	신혼부부
입주자저축	필요(6개월, 6회 이상)	필요(6개월, 6회 이상)
자산요건	적용	적용
소득요건	적용	적용
세대주요건	미적용	미적용

특별공급	노부모부양	생애최초
입주자저축	필요(24개월, 24회 이상)	필요(24개월, 24회 이상) ※ 선납금 포함, 600만 원 이상
자산요건	적용	적용
소득요건	적용	적용
세대주요건	적용	적용

출처: 과천지식정보타운 S-8BL 공공분양주택 입주자모집공고

특별공급은 신청 자격이 정해져 있는 만큼 일반공급에 비해 경쟁률이 낮다. 우리가 특별공급을 1순위로 고려해야 하는 가장 큰 이유다.

인천 e편한세상 검단 어반센트로 특별공급

주택형	공급 세대수	지역	접수건수				
			다자녀 가구	신혼 부부	생애 최초	노부모 부양	기관 추천
59A	468	배정세대수	55	166	138	27	82
		해당지역	6	388	118	10	44(67)
		기타지역	5	974	687	30	
59B	109	배정세대수	13	39	32	6	19
		해당지역	0	57	16	0	9(9)
		기타지역	1	151	99	3	
59C	112	배정세대수	13	41	33	6	19
		해당지역	0	44	8	0	6(15)
		기타지역	0	155	63	4	

출처: 청약홈

다자녀가구 특별공급은 전 평형 미달을 기록했고, 노부모부양 특별공급도 59A 타입을 제외하고는 신청자 전원이 당첨의 꿈을 이뤘다. 인천 e편한세상 검단 어반센트로는 공급 세대수의 50%를 인천광역시에 2년 이상 거주한 사람에게 우선 공급했다. 해당지역 신청 요건을 갖춘 경우 신혼부부, 생애최초 특별공급 모두 당첨 가능성이 높았다.

자녀가 있다면
신혼부부 특별공급을
우선순위로

통계청에 따르면 2020년 합계 출산율은 0.84명이고, 2021년은 더 낮은 0.81명의 출산율을 기록했다. 통계청 장래인구추계(2019.3월) 중위 추계 결과에 따르면 합계출산율은 2021년에 0.86명으로 최저를 기록한 뒤 반등한다는 예상 결과를 내놓았지만 반등이 아니라 최저치를 경신했다. 2022년에는 합계출산율이 0.7명대로 떨어진다는 전망도 많다.

국토교통부는 저소득 신혼부부에 대한 주택 특별공급 제도를 효율적으로 운영하기 위해 '신혼부부 주택 특별공급 운영지침'을 시행하고 있다. 자녀가 있는 신혼부부라면 신혼부부 특별공급 요건을 가장 먼저 확인해야 한다. 자녀가 없어도 신청은 가능하지만 당첨 확률이 낮다.

신혼부부 특별공급은 전용면적 85m² 이하의 분양주택을 대상으로 한다. 단, 투기과열지구 내 분양가 9억 원 초과 주택은 제외한다. 공급물량은 통상 국민주택은 30%, 민영주택은 20%로 정해진다. 특별공급 중에서 비중이 가장 크기 때문에 자격 요건을 꼭 확인해야 한다.

신혼부부의 기준은 입주자 모집공고일 현재 혼인기간이 7년 이내, 무주택세대구성원 조건을 충족해야 한다. 혼인기간 중에 주택을 소유한 이력도 없어야 한다. 혼인기간은 혼인신고일을 기준으로 확인하고 재혼을 포함한다. 단, 공공주택 특별법이 적용되는 국민주택은 한부모 가족과 예비 신혼부부도 일정 조건을 갖추면 청약 신청이 가능하다. '공공주택 특별법이 적용되는 국민주택'이란 단어 대신, 이해를 돕기 위해 공공분양이라는 사용하겠다. 공공분양 여부는 입주자 모집공고 문의 제목과 내용에 반복해서 표기된다(예시: 21년 사전청약 3차지구 공공분양주택 입주자모집공고).

한부모 가족은 입주자 모집공고일 현재 태아를 포함한 만 6세 이하 자녀를 두어야 한다. 예비 신혼부부는 해당 주택의 입주 전까지 혼인 사실을 증명할 수 있다면 청약이 가능하다.

공공분양 신혼부부 특별공급 기준

구분	공공분양
당첨자 선정방법	우선공급: 70%, 가점순(동점 시 추첨) 잔여공급: 30%, 추첨
소득 기준(도시근로자 가구당 월평균소득액)	우선공급: 100% 이하(맞벌이 120% 이하) 잔여공급: 130% 이하(맞벌이 140% 이하)
자산 기준	부동산(건물+토지) 2억 1,550만 원 이하 * 부동산에서 전세보증금은 제외 * 자동차 3,557만 원 이하(2022년 기준)

출처: 청약홈

민간분양 신혼부부 특별공급 기준

구분	민간분양
당첨자 선정방법	우선공급: 50%, 자녀순 일반공급: 20%, 자녀순 추첨: 30%
소득 기준 (도시근로자 가구당 월평균소득액)	우선공급: 100% 이하(맞벌이 120% 이하) 일반공급: 140% 이하(맞벌이 160% 이하) 추첨: 소득요건 미반영
자산 기준	소득 기준 초과 시 3억 3,100만 원 자산기준 적용 * 전세보증금은 제외

출처: 청약홈

공공분양의 가점항목은 총 13점 만점으로 가구소득(1점), 자녀의 수(3점), 거주기간(3점), 청약통장(3점) 항목과 신혼부부는 혼인기간(3점), 한부모가족은 자녀의 나이(3점)이다. 점수가 같을 경우 추첨으로 당첨자를 정한다. 다음으로 공공분양 신혼부부 특별공급의 가점항목을 알아보자.

공공분양 신혼부부 특별공급 가점항목

항목	기준	비고
가구 소득	해당 세대의 월평균소득이 전년도 도시근로자 가구당 월평균 소득의 80%(배우자가 소득이 있는 경우 100%) 이하인 경우 : 1점	
자녀의 수	3명 이상: 3점 2명: 2점 1명: 1점	미성년자인 자녀를 말하며, 태아를 포함

항목	기준	비고
해당 주택건설지역 연속 거주기간	3년 이상: 3점 1년 이상 3년 미만: 2점 1년 미만: 1점	
주택청약종합저축 납입 횟수	24회 이상: 3점 12회 이상 24회 미만: 2점 6회 이상 12회 미만: 1점	'청약통장 순위(가입)확인서'의 납입인정 횟수를 말함
혼인기간(신혼부부에 한함)	3년 이하: 3점 3년 초과 5년 이하: 2점 5년 초과 7년 이하: 1점	예비신혼부부, 한부모가족은 선택 불가
자녀의 나이(한부모가족에 한함)	2세 이하(만3세 미만) : 3점 2세 초과 4세 이하(만5세 미만) : 2점 4세 초과 6세 이하(만7세 미만) : 1점	가장 어린 자녀의 나이 기준으로 하되, 태아인 경우 '자녀의 나이' 가점을 선택할 수 없음 / 신혼부부·예비신혼부부는 선택 불가

출처: LH 21년 사전청약 3차 지구 공공분양주택 입주자모집공고

공공분양과 민간분양에 따른 2021년도 도시근로자 가구원 수별 월평균 소득 기준이다. 도시근로자 월평균 소득은 통상 전년도 소득을 기준으로 한다. 입주자 모집공고문의 기준을 따르는 게 가장 정확하다.

공공분양은 일반 직장인(상시근로자, 3개월 이상 계속 고용되어 월 정액 급여를 지급받는 자의 근로소득)을 기준으로 국민건강보험공단(보수월액)을 1순위로 본다. 건강보험 보수월액은 국민건강보험공단 홈페이지에서 직장보험료 개인별 조회 메뉴에서 확인할 수 있다. 건강보험공단에서 조회한 월 소득이 300만 원이고, 국세청에서 조회한 월 소득이 200만 원인 경우 1순위인 건강보험공단 소득 300만 원이 기준이 된다(공공분양).

(공공분양) 2021년도 도시근로자 가구원 수별 월평균소득 기준

공급유형		기준	3인 이하
신혼부부 우선공급 (기준소득,70%)	배우자 소득 없음	100% 이하	~ 6,208,934
	신혼부부 모두 소득 있음	100% 초과 ~ 120% 이하	6,208,935 ~ 7,450,721
신혼부부 일반공급 (상위소득,30%)	배우자 소득 없음	100% 초과 ~ 130% 이하	6,208,935 ~ 8,071,614
	신혼부부 모두 소득 있음	120% 초과 ~ 140% 이하	7,450,722 ~ 8,692,508

공급유형		기준	4인
신혼부부 우선공급 (기준소득,70%)	배우자 소득 없음	100% 이하	~ 7,200,809
	신혼부부 모두 소득 있음	100% 초과 ~ 120% 이하	7,200,810 ~ 8,640,971
신혼부부 일반공급 (상위소득,30%)	배우자 소득 없음	100% 초과 ~ 130% 이하	7,200,810 ~ 9,361,052
	신혼부부 모두 소득 있음	120% 초과 ~ 140% 이하	8,640,972 ~ 10,081,133

공급유형		기준	5인
신혼부부 우선공급 (기준소득,70%)	배우자 소득 없음	100% 이하	~ 7,326,072
	신혼부부 모두 소득 있음	100% 초과 ~ 120% 이하	7,326,073 ~ 8,791,286
신혼부부 일반공급 (상위소득,30%)	배우자 소득 없음	100% 초과 ~ 130% 이하	7,326,073 ~ 9,523,894
	신혼부부 모두 소득 있음	120% 초과 ~ 140% 이하	8,791,287 ~ 10,256,501

출처: 청약홈

민간분양의 월평균소득은 국민건강보험공단이 아니라 국세청 홈페이지에서 확인한다. 월평균소득은 연간 소득÷근무 월수를 말하고, 근로자의 경우 연간소득은 비과세소득이 제외된 전년도 근로소득원천징수 영수증 상의 총급여액(21번) 및 근로소득자용 소득금액증명상의 과세대상급여액을 기준으로 한다.

사업자인 경우 연간소득은 전년도 종합소득세 소득금액증명 원본상 과세대상급여액을 기준으로 한다. 근무 월수는 근로자인 경우에는 재직 증명서상의 근무 월수를, 사업자인 경우에는 사업자등록증상의 기간을 기준으로 계산하면 된다.

(민간분양) 2021년도 도시근로자 가구원 수별 월평균소득 기준

가구당 월평균소득 비율		3인 이하
우선 (50%)	배우자 소득 없음: 100% 이하	~6,208,934
	배우자 소득 있음: 100% 초과 ~120% 이하	6,208,935~7,450,721
일반 (20%)	배우자 소득 없음: 100% 초과 ~140% 이하	6,208,935~8,692,508
	배우자 소득 있음: 120% 초과 ~160% 이하	7,450,722~9,934,294
추첨 (30%)	배우자 소득 없음: 140% 초과 시 자산(3억 3,100만 원) 충족	8,692,509~
	배우자 소득 있음: 160% 초과 시 자산(3억 3,100만 원) 충족	9,934,295~

	가구당 월평균소득 비율	4인
우선 (50%)	배우자 소득 없음: 100% 이하	~7,200,809
	배우자 소득 있음: 100% 초과 ~120% 이하	7,200,810~ 8,640,971
일반 (20%)	배우자 소득 없음: 100% 초과 ~140% 이하	7,200,810~10,081,133
	배우자 소득 있음: 120% 초과 ~160% 이하	8,640,972~11,521,294
추첨 (30%)	배우자 소득 없음: 140% 초과 시 자산(3억 3,100만 원) 충족	10,081,134~
	배우자 소득 있음: 160% 초과 시 자산(3억 3,100만 원) 충족	11,521,295~

	가구당 월평균소득 비율	5인
우선 (50%)	배우자 소득 없음: 100% 이하	~7,326,072
	배우자 소득 있음: 100% 초과 ~120% 이하	7,326,073~8,791,286
일반 (20%)	배우자 소득 없음: 100% 초과 ~140% 이하	7,326,073~10,256,501
	배우자 소득 있음: 120% 초과 ~160% 이하	8,791,287~11,721,715
추첨 (30%)	배우자 소득 없음: 140% 초과 시 자산(3억 3,100만 원) 충족	10,256,502~
	배우자 소득 있음: 160% 초과 시 자산(3억 3,100만 원) 충족	11,721,716~

가구당 월평균소득 비율		6인
우선 (50%)	배우자 소득 없음: 100% 이하	~7,779,825
	배우자 소득 있음: 100% 초과 ~120% 이하	7,779,826~9,335,790
일반 (20%)	배우자 소득 없음: 100% 초과 ~140%이하	7,779,826~10,891,755
	배우자 소득 있음: 120% 초과 ~160%이하	9,335,791~12,447,720
추첨 (30%)	배우자 소득 없음: 140% 초과 시 자산(3억 3,100만 원) 충족	10,891,756~
	배우자 소득 있음: 160% 초과 시 자산(3억 3,100만 원) 충족	12,447,721~

출처: 2022년 제일풍경채 의왕고천(사전청약) 모집공고문

신혼부부 특별공급은 유자녀 특별공급이라고 해도 과언이 아닐 정도로 자녀 수의 비중이 크다. 아파트 공급 단지별 플랜은 다르겠지만, 아래 기준을 참고하면 도움이 된다.

자녀 수 기준

자녀 수	내용
3자녀 이상	신혼부부 특별공급보다 다자녀가구 특별공급 유리
2자녀	신혼부부 특별공급이 1순위
1자녀	신혼부부 특별공급과 생애최초 특별공급 비교
무자녀	민간분양인 경우 신혼부부 특별공급과 생애최초 특별공급 비교

자녀가 없다면 생애최초 특별공급을 우선순위로

생애최초 특별공급은 세대 구성원 모두 과거에 주택을 보유한 적이 없는 경우에만 신청이 가능하다. 혼인신고일 기준으로 주택 보유 여부를 보는 신혼부부 특별공급과 가장 큰 차이점이다. 생애최초 특별공급은 전용면적 85m² 이하의 분양주택을 대상으로 공급하고, 투기과열지구 내 분양가 9억 원 초과 주택은 제외된다. 입주자 모집공고일 현재 근로자 또는 자영업자로서 5년 이상 소득세를 납부해야 신청이 가능하다. 투기과열지구 또는 청약과열 지역의 주택에 특별공급 청약 시 과거 5년 이내에 다른 주택에 당첨된 사람이 속해 있는 세대에 속한 경우에는 청약이 불가능한 부분을 유의하자. 청약통장도 보유하고 있어야 한다. 주택별 청약 가능한 청약통장에 가입한 지 24개월(지역 및 주택에 따라 6~24개월)이 지나야 청약이 가능하다.

국민주택과 민영주택 모두 입주자 공고일 현재 혼인 중이거나 미혼인 자녀가 있는 사람에게 생애최초 특별공급 자격이 주어진다. 하지만 민영주택은 2021년 11월 이후 입주자 모집 단지부터 혼인 중이 아니거나 미혼인 자녀가 없는 '1인 가구'도 추첨 공급 물량(30%)에 청약 신청이 가능하다. 1인 가구는 전용 60m² 이하 주택에만 신청할 수 있다. 민영주택의 경우 추첨 공급 물량(30%)에 대해서는 도시근로자 월평균소득 160%를 초과해도 청약 신청이 가능하지만, 자산 기준을 적용해서 금수저 특공을 제한하고 있다.

국민주택 생애최초 특별공급 기준

구분	국민주택
대상자	일반공급 1순위인 무주택세대의 세대주 또는 세대구성원 * 청약통장 저축액이 선납금을 포함하여 600만 원 이상
당첨자 선정방법	우선공급: 70%, 추첨제 잔여공급: 30%, 추첨제
소득 기준(도시근로자 가구당 월평균소득액)	우선공급: 100% 이하 잔여공급: 130% 이하
자산 기준	부동산(건물+토지) 2억 1,550만 원 이하 * 부동산에서 전세보증금은 제외 자동차 3,557만 원 이하(2022년 기준)

출처: 청약홈

민영주택 생애최초 특별공급 기준

구분	민영주택
대상자	일반공급 1순위인 무주택세대의 세대주 또는 세대구성원 * 1인 가구는 30% 추첨 자격으로만 신청 가능
당첨자 선정방법	우선공급: 50%, 추첨제 일반공급: 20%, 추첨제 추첨: 30%(1인 가구 청약 가능)

소득 기준(도시근 로자 가구당 월평 균소득액)	우선공급: 130% 이하 일반공급: 160% 이하 추첨: 소득요건 미반영
자산 기준	소득 기준 초과 시 3억 3,100만 원 자산 기준 적용 * 전세보증금은 제외

도시근로자 월평균 소득은 통상 전년도 소득을 기준으로 한다. 입주자 모집공고문의 기준을 따르는 게 가장 정확하다. 국민주택은 일반 직장인(상시근로자, 3개월 이상 계속 고용되어 월 정액 급여를 지급받는 자의 근로소득)을 기준으로 국민건강보험공단(보수월액)을 1순위로 본다. 건강보험 보수월액은 국민건강보험공단 홈페이지에서 직장보험료 개인별 조회 메뉴에서 확인할 수 있다.

(국민주택) 2021년도 도시근로자 가구원수별 월평균소득 기준 (단위: 원)

공급유형	기준	3인 이하	4인	5인
우선공급(70%)	100% 이하	~ 6,208,934	~ 7,200,809	~ 7,326,072
일반공급(30%)	130% 이하	~ 8,071,614	~ 9,361,052	~ 9,523,894

민영주택의 월평균 소득은 국민건강보험공단이 아니라 국세청 홈페이지에서 확인한다. 도시근로자 월평균 소득이 160%를 초과 시 자산 요건을 만족해야 하지만, 1인 가구는 소득 요건이나 자산 요건 중 하나만 충족해도 청약이 가능하다.

(민영주택) 2021년도 도시근로자 가구원수별 월평균소득 기준

가구당 월평균소득 비율		3인 이하
우선 (50%)	130% 이하	~8,071,614
일반 (20%)	130% 초과~160% 이하	8,071,614~9,934,294
추첨 (30%)	160% 초과 시 자산(3억 3,100만 원) 충족 * 1인가구는 자산 or 소득 중 하나만 충족하면 신청 가능	9,934,295~

가구당 월평균소득 비율		4인
우선 (50%)	130% 이하	~9,361,052
일반 (20%)	130%초과~160% 이하	9,361,052~11,521,294
추첨 (30%)	160% 초과 시 자산(3억 3,100만 원) 충족 * 1인가구는 자산 or 소득 중 하나만 충족하면 신청 가능	11,521,295~

가구당 월평균소득 비율		5인
우선 (50%)	130% 이하	~9,523,894
일반 (20%)	130% 초과~160% 이하	9,523,894~11,721,715
추첨 (30%)	160% 초과 시 자산(3억 3,100만 원) 충족 * 1인가구는 자산 or 소득 중 하나만 충족하면 신청 가능	11,721,716~

	가구당 월평균소득 비율	6인
우선 (50%)	130% 이하	~10,113,773
일반 (20%)	130% 초과~160% 이하	10,113,773~12,447,720
추첨 (30%)	160% 초과 시 자산(3억 3,100만 원) 충족 * 1인가구는 자산 or 소득 중 하나만 충족하면 신청 가능	12,447,721~

출처: 2022년 제일풍경채 의왕고천(사전청약) 모집공고문

국민주택이든 민영주택이든 우선 공급 조건에 해당하면 당첨 확률이 가장 높다. 우선 공급에서 탈락해도 일반공급에서 다시 한번 기회가 있고, 민영주택의 경우 추첨제 물량에서 기회가 또 있기 때문이다.

자녀가 많다면 다자녀가구
특별공급을 우선순위로

자녀가 3명 이상(태아, 입양 포함)이라면 신혼부부, 생애최초 특별공급보다 다자녀가구 특별공급을 최우선으로 봐야 한다. 신혼부부, 생애최초 특별공급에 비하면 경쟁률이 낮아 당첨 가능성이 아주 높기 때문이다. 플랜만 잘 세운다면 수도권 관심 지역에 내 집 마련도 꿈이 아니다. 다자녀가구 특별공급은 투기과열지구 내 분양가가 9억을 초과하는 주택을 제외하고, 공급 물량의 10%, 출산 장려의 목적으로 승인권자가 인정하는 경우 15%가 배정된다. 과거에 주택을 소유했더라도 입주자 모집공고일 현재 무주택 세대구성원이면 신청할 수 있다.

다자녀가구 특별공급 기준

구분	내용
대상자	입주자모집공고일 현재 미성년인 자녀 3명 이상을 둔 무주택세대구성원(태아, 입양자녀 포함)
청약통장	주택별 청약가능한 청약통장에 가입한지 6개월이 경과하고 다음의 요건을 충족한 분 주택청약종합저축: 주택종류에 따라 청약저축 및 청약예금과 동일 청약저축: 매월 약정납입일에 월 납입금 6회 이상 납부 청약예금: 지역별 청약예금 예치금액에 상당하는 금액 예치
청약통장	청약부금: 매월 약정납입일에 납입한 금액이 지역별 85m² 이하 청약예금 예치금액 이상
당첨자 선정방법	해당지역 우선공급, 경쟁이 있으면 배점기준표에 따라 점수가 높은 순 * 동점인 경우 1. 미성년 자녀가 많은 순 2. 자녀 수가 같을 경우 공급신청자의 나이가 많은 순으로 결정
소득 기준(도시근로자 가구당월평균소득액)	120% 이하 * 민영주택 소득 미적용, 일부 국민주택 소득 미적용(입주자모집공고문 반드시 확인)
자산 기준	공공주택 특별법이 적용 국민주택의 경우에만 자산 조건 적용 부동산(건물+토지) 2억 1,550만 원 이하 * 부동산에서 전세보증금은 제외, 자동차 3,557만 원 이하 (2022년 기준)

출처: 청약홈

'다자녀가구 및 노부모부양 주택 특별공급 운용지침' 제5조(해당 주택 건설지역 우선공급 기준)에 따르면 수도권에서 다자녀가구 주택의 입주자를 모집하는 경우 해당 주택건설지역 시·군·구가 속한 시·도에 50

퍼센트를 우선공급하고 우선공급에서 미분양된 주택을 포함한 나머지 주택은 수도권 거주자에게 공급할 수 있다.

과천 주암지구 다자녀가구 특별공급 지역우선 공급기준

지역구분	우선공급 비율	지역 우선공급 거주 입력 대상자
경기도	50%	사전청약 공고일 현재 과천시 2년 이상 거주자 사전청약 공고일 현재 과천시 거주하며, 본청약 공고일까지 과천시 2년 이상 거주 예정인 자 단, 남는 물량은 사전청약 공고일 현재 경기도 거주자에게 공급
기타지역 (수도권)	50%	사전청약 공고일 현재 서울특별시, 인천광역시에 거주하는 분

출처: LH 21년 사전청약 3차지구 신혼희망타운 입주자모집공고

다자녀가구 배점의 만점은 100점이다. 다음 표를 보고 해당하는 점수를 계산해보자. 자녀 수, 무주택기간, 당해 기준 등이 있다. 자녀가 3명 미만이라면 다자녀가구 특별공급 대상이 아니니 신혼부부, 생애최초 특별공급을 잘 살펴보자.

다자녀가구 배점기준표

평점요소	배점기준	점수	비고
미성년 자녀수	5명 이상	40	자녀(태아, 입양아, 전혼자녀 포함)는 입주자모집공고일 현재 미성년자인 경우만 포함
	4명	35	
	3명	30	
영유아 자녀수	3명 이상	15	영유아(태아, 입양아, 전혼자녀 포함)는 입주자모집공고일 현재 만6세 미만인 경우
	2명	10	
	1명	5	

평점요소	배점기준	점수	비고
세대구성	3세대 이상	5	공급신청자와 직계존속(배우자의 직계존속을 포함하며 무주택자로 한정)이 입주자모집공고일 현재로부터 과거 3년 이상 계속하여 동일 주민등록표등본에 등재
	한부모가족	5	공급신청자가 「한부모가족지원법 시행규칙」제3조에 따라 여성가족부 장관이 정하는 한부모가족으로 5년이 경과된 자
무주택기간	10년 이상	20	배우자의 직계존속(공급신청자 또는 배우자와 동일 주민등록표등본에 등재된 경우 한정)도 무주택자이어야 하며, 공급신청자 및 배우자의 무주택기간을 산정
	5년 이상 10년 미만	15	
	1년 이상 5년 미만	10	청약자가 성년(만19세 이상, 미성년자가 혼인한 경우 성년으로 봄)이 되는 날부터 계속하여 무주택기간으로 산정하되 청약자 또는 배우자가 주택을 소유한 사실이 있는 경우에는 그 주택을 처분한 후 무주택자가 된 날(2회 이상 주택을 소유한 사실이 있는 경우에는 최근에 무주택자가 된 날을 말함)부터 무주택기간 산정
해당 시·도 거주기간	10년 이상	15	공급신청자가 성년자(만19세 이상, 미성년자가 혼인한 경우 성년으로 봄)로서 해당 지역에 입주자모집공고일 현재까지 계속하여 거주한 기간을 산정
	5년 이상 10년 미만	10	
	1년 이상 5년 미만	5	* 시는 광역시·특별자치시 기준이고, 도는 도·특별자체도 기준이며, 수도권의 경우 서울·경기·인천지역 전체를 해당 시·도로 판단

평점요소	배점기준	점수	비고
입주자저축 가입기간	10년 이상	5	입주자모집공고일 현재 공급신청자의 가입기간을 기준으로 하며 입주자저축의 종류, 금액, 가입자명의 변경을 한 경우에도 최초 가입일 기준으로 산정 ※ 한국부동산원에서 청약 신청할 경우 청약통장 정보를 확인하여 자동으로 입력

출처: 청약홈

미성년, 영유아 자녀 수는 주민등록표등본이나 가족관계증명서로 확인한다. 이혼의 경우 자녀가 신청자와 동일한 주민등록표등본 상에 등재되어 있어야 한다. 재혼의 경우 상황에 따라 차이가 있으며, 자녀가 신청자 또는 배우자와 동일한 주민등록표등본에 등재되어 있어야 한다. 입양한 자녀를 자녀 수에 포함한 경우 입주 시까지 입양을 유지해야 한다. 태아를 자녀 수에 포함한 경우에도 출산 관련 서류를 제출해야 인정된다.

부모님과 함께 산다면 노부모부양 특별공급을 우선순위로

만 65세 이상의 직계존속을 3년 이상 부양하고 있는 무주택 세대주라면 노부모부양 특별공급 조건도 확인해보자. 가점이 낮긴 하지만 미혼도 가능한 특별공급이다. 직계존속이란 부모와 조부모를 말하고, 배우자의 직계존속도 부양의 대상이 된다.

투기과열지구 내 분양가 9억을 초과하지 않는 국민주택과 민영주택에 공급된다. 국민주택에는 공급 물량의 5%, 민영주택에는 3%가 배정된다. 신청자 본인뿐만 아니라 피부양자, 피부양자의 배우자까지 모두 다 무주택이어야 청약이 가능하기 때문에 진입장벽이 높다. 표현이 조금 과할 수 있지만 온 집안이 집 한 채 없이 살고 있어야 요건이 된다. 요건을 채우기가 어려운 만큼 경쟁률도 낮아 당첨 가능성은 아주 높은 편이다.

'주택공급에 관한 규칙' 제53조 제6호를 보면 만 60세 이상의 직계존속(배우자의 직계존속 포함)이 주택 또는 분양권 등을 소유하고 있는 경우에는 주택을 소유하지 않은 것으로 본다는 내용이 있지만 노부모부양 특별공급에는 적용되지 않음을 유의하자.

국민주택, 민영주택 여부에 따라 당첨자 선정 방법이 완전히 다른 부분을 고려하자. 국민주택은 전용면적 40m²를 기준으로 초과 시 저축총액, 이하는 납입 횟수를 본다. 국민주택에서 저축총액은 주택청약종합저축 및 청약저축에 대해 매월 최대 10만 원까지만 인정한다. 민영주택은 무주택기간, 부양가족 수 그리고 청약통장 가입 기간에 대한 가점제로 당첨자를 정한다. 경쟁이 있는 경우에는 해당 주택건설지역 거주자를 우선한다. 해당지역 우선공급 비율은 30%, 100% 등 지역이나 규모에 따라 다르므로 입주자 모집공고문을 확인한다.

노부모부양 특별공급 기준

구분	내용
대상자	일반공급 1순위에 해당하고 만 65세 이상의 본인이나 배우자의 직계존속을 3년 이상 계속해서 부양(같은 세대별 주민등록표등본에 등재)하고 있는 세대주(세대원은 불가) * 투기과열지구, 청약과열지역 특별공급 청약 시 과거 5년 이내에 다른 주택에 당첨된 자가 속해 있는 세대에 속한 자는 청약불가
청약통장	주택별 청약 가능한 청약통장에 가입한지 24개월(지역 및 주택에 따라 6~24개월)이 경과하고 아래의 요건을 충족하는 분 주택청약종합저축: 주택종류에 따라 청약저축 및 청약예금과 동일 청약저축: 매월 약정납입일에 월 납입금을 24회(지역에 따라 6~24회) 이상 납입한 분 청약예금: 지역별 청약예금 예치금액에 상당하는 금액 예치 매월 약정납입일에 납입한 금액이 지역별 85m²이하 청약예금 예치금액 이상

구분	내용
당첨자 선정방법	국민주택(순차제): 전용면적 40m²초과 주택은 무주택기간이 3년 이상이며 저축총액이 많은 자가 1순위, 저축총액이 많은 자가 2순위이다. 전용면적 40m²이하 주택은 무주택기간이 3년 이상이며 납입횟수가 많은 자가 1순위, 납입횟수가 많은 자는 2순위다. 민영주택(가점제): 무주택기간, 부양가족 수, 청약통장 가입기간에 따른 가점제 단, 피부양자나 피부양자의 배우자가 주택을 소유하고 있었다면 해당 기간은 무주택기간에서 제외
소득 기준(도시근로자 가구당 월평균소득액)	120% 이하 * 민영주택 소득 미적용, 일부 국민주택 소득 미적용(입주자 모집공고문 반드시 확인)
자산 기준	공공주택 특별법이 적용 국민주택의 경우에만 자산 조건 적용 부동산(건물+토지) 2억 1,550만 원 이하 * 부동산에서 전세보증금은 제외, 자동차 3,557만 원 이하 (2022년 기준)

출처: 청약홈

민영주택은 다음의 가점 산정기준표를 보고 점수를 계산하면 된다.

가점 산정기준 – 총 84점 만점(무주택기간 32점, 부양가족 수 35점, 입주자 저축 가입기간 17점)

가점항목	가점구분	점수	가점구분	점수
무주택 기간	1년 미만	2	8년 이상 ~ 9년 미만	18
	1년 이상 ~ 2년 미만	4	9년 이상 ~ 10년 미만	20
	2년 이상 ~ 3년 미만	6	10년 이상 ~ 11년 미만	22
	3년 이상 ~ 4년 미만	8	11년 이상 ~ 12년 미만	24
	4년 이상 ~ 5년 미만	10	12년 이상 ~ 13년 미만	26

가점항목	가점구분	점수	가점구분	점수
무주택 기간	5년 이상 ~ 6년 미만	12	13년 이상 ~ 14년 미만	28
	6년 이상 ~ 7년 미만	14	14년 이상 ~ 15년 미만	30
	7년 이상 ~ 8년 미만	16	15년 이상	32
부양 가족수	0명	5	4명	25
	1명	10	5명	30
	2명	15	6명 이상	35
	3명	20		
입주자 저축 가입기간	6개월 미만	1	8년 이상 ~ 9년 미만	10
	6개월 이상 ~ 1년 미만	2	9년 이상 ~ 10년 미만	11
	1년 이상 ~ 2년 미만	3	10년 이상 ~ 11년 미만	12
	2년 이상 ~ 3년 미만	4	11년 이상 ~ 12년 미만	13
	3년 이상 ~ 4년 미만	5	12년 이상 ~ 13년 미만	14
	4년 이상 ~ 5년 미만	6	13년 이상 ~ 14년 미만	15
	5년 이상 ~ 6년 미만	7	14년 이상 ~ 15년 미만	16
	6년 이상 ~ 7년 미만	8	15년 이상	17
	7년 이상 ~ 8년 미만	9		

출처: 주택공급에 관한 규칙 [별표 1] 가점제 적용기준

기관추천 대상이라면 기관추천 특별공급을 우선순위로

　기관추천 특별공급은 다른 특별공급에 비해 생소하다. 보통 장애인, 국가보훈대상자, 장기복무군인, 중소기업근로자 등을 대상으로 한다. 신청 절차도 복잡해서 사람들이 잘 모르고 선호하지도 않지만, 그만큼 경쟁률이 낮아 요건만 된다면 당첨 가능성이 높은 특별공급이다. 전체 공급물량 중 10% 범위에서 공급되고, 시·도지사의 승인을 받은 경우에는 10% 범위를 초과해서 공급할 수도 있다. 기관추천은 관련기관의 장이 정하는 우선순위에 따라 공급되기 때문에 대상자 여부를 먼저 확인한 후 관련 기관에 공고 여부를 문의해보는 게 좋다. 각 기관의 홈페이지에 공고가 뜨고 접수까지 기간이 촉박한 경우가 많음을 유의하자.

기관추천 특별공급 기준

구분	내용
대상주택	전용면적 85m² 이하의 국민주택, 민영주택 한부모가족, 국군포로, 위안부피해자, 철거주택세입자 기관추천의 경우에는 공공임대주택 * 단, 투기과열지구 내 분양가 9억 원 초과 주택은 제외

구분	내용
대상자	입주자모집공고일 무주택세대구성원으로서 관계기관의 장이 정하는 우선순위 기준에 따라 대상자로 선정된 자 공통: 국가유공자, 독립유공자, 보훈대상자, 5.18유공자, 특수임무유공자, 참전유공자, 장기복무(제대)군인, 북한이탈주민, 납북피해자, 일본군위안부, 장애인, 영구귀국과학자, 올림픽 등 입상자, 중소기업 근무자, 공공사업 등, 의사상자 등 국민주택: 철거주택 소유자 또는 거주자(세입자), 다문화가족, 탄광근로자, 재외동포 등 민영주택: 철거주택 소유 및 거주자, 해외취업근로자 등
청약통장	주택별 청약가능한 청약통장에 가입한지 6개월이 경과하고 아래의 요건을 충족한 분 주택청약종합저축: 주택종류에 따라 청약저축 및 청약예금과 동일 청약저축: 매월 약정납입일에 월 납입금 6회 이상 납부 청약예금: 지역별 청약예금 예치금액에 상당하는 금액 예치 청약부금: 매월 약정납입일에 납입한 금액이 지역별 85m^2 이하 청약예금 예치금액 이상
당첨자 선정방법	관련기관 (국가보훈처, 지자체, 중소기업청 등)의 장이 정하는 우선순위에 따라 결정

출처: 청약홈

기관추천 특별공급은 대상 항목이 28가지나 된다. 세부 사항은 주택공급에 관한 규칙 제35조, 제36조를 검색하는 게 정확하다. 대상 항목이 많다 보니 공급 단지에 따라 포함되지 않는 경우가 더 많다. 국가유공자, 장기복무 제대 군인, 10년 이상 장기복무 군인, 중소기업 근로자, 장애인 특별공급에 해당한다면 관심 지역의 공고는 챙겨보는 게 좋다. 그 외다른 기관에 해당하는 내용도 한 번씩 살펴보면 도움이 된다.

기관추천 특별공급 모집 공고 예시1

구분	84A	84B	84C	합계
장애인	14	4	5	23
10년 이상 장기복무 군인	10	3	2	15
국가유공자	5	1	1	7
장기복무 제대 군인	9	3	3	15
중소기업 근로자	5	1	2	8
북한이탈주민	5	1	1	7
철거주택 소유자	3	1	2	6
소계	51	14	16	81

출처: 2022년 제일풍경채 의왕고천(사전청약) 모집공고문

기관추천 특별공급 모집 공고 예시2

구분	59A	59B	59C	84A	84B	합계
국가유공자	1			1	1	3
장기복무 제대 군인			1	1		2
10년 이상 장기복무 군인				1		1
중소기업 근로자	1			1		2
장애인	2	1	1	2	1	7
소계	4	1	2	6	2	15

출처: 과천 한양수자인 입주자 모집공고문

신혼희망타운이
외면받는 이유

신혼희망타운 외면 받는 대표적인 이유는 까다로운 조건, 수익공유 그리고 작은 평수 때문이다. 다음 설명을 통해 전체적인 틀을 먼저 익히고, 세부 조건이 다를 수 있으니 반드시 자신이 청약하려는 단지의 입주자모집공고문을 정독하자.

신혼희망타운 자격 기준

기본자격	내용
신혼부부	혼인 기간이 7년 이내 또는 6세 이하의 자녀를 둔 무주택세대구성원
예비 신혼부부	혼인을 계획 중이며, 공고일로부터 1년 이내 혼인 사실을 증명할 수 있는 자
한부모 가족	6세 이하 자녀(태아 포함)를 둔 부 또는 모

출처: 신혼희망타운.com

신혼희망타운은 임대형도 존재하지만 우리는 내 집 마련을 목표로 하고 있으니 분양형을 기준으로 알아보자. 신혼희망타운 신청 자격은 신혼부부, 예비 신혼부부 그리고 한부모 가족에게 주어진다. 신혼부부 자격은 대법원 전자가족관계등록시스템의 혼인관계 증명서를 기준으로 보면 된다. 사이트에 접속하면 초기화면에서 바로 확인이 가능하다. 결혼식을 올렸지만, 아직 혼인신고를 하지 않았다면 신혼부부가 아니라 예비 신혼부부 자격을 봐야 한다. 예비 신혼부부는 당첨 시 공고일로부터 1년 이내에 혼인 사실을 증명해야 한다.

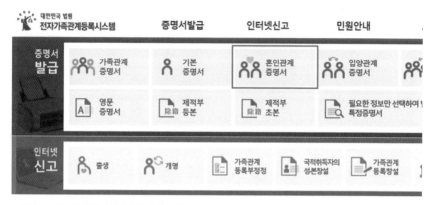

그림 3-1 대법원 전자가족관계등록시스템(efamily.scourt.go.kr)

세부 공통 자격으로는 공고일부터 입주할 때까지 계속 무주택세대구성원을 유지해야 한다. 세대 구성원 중에 주택을 가지고 있다면 청약자격이 없다. 예비 신혼부부는 혼인으로 구성할 세대원 모두 무주택자여야 한다. 2018년 12월 11일 개정·시행된 「주택공급에 관한 규칙」에 따라서 분양권 및 입주권을 가지고 있는 경우에도 주택을 보유한 것으로 판단하기 때문에 주의해야 한다.

주택청약종합저축에 가입한 지 6개월이 지나야 하고, 납입 인정 횟수가 6회 이상이어야 한다. 2015년 9월 1일부터 신규 가입은 불가능하지만, 기존에 가입한 청약 저축도 인정한다.

신혼희망타운의 소득 조건

신혼희망타운 신혼부부 소득 기준

신혼부부 소득 기준		3인 이하	4인
배우자소득 없는 경우	도시근로자 가구당 월평균소득액의 130%	7,839,208	9,222,467
배우자소득 있는 경우	도시근로자 가구당 월평균소득액의 140%	8,442,224	9,931,887

신혼부부 소득 기준		5인	6인
배우자소득 없는 경우	도시근로자 가구당 월평균소득액의 130%	9,222,467	9,611,741
배우자소득 있는 경우	도시근로자 가구당 월평균소득액의 140%	9,931,887	10,351,106

출처: LH 21년 사전청약 3차 지구 신혼희망타운 입주자모집공고

표의 소득 기준은 전년도(2020년) 도시근로자 가구당 월평균소득액을 기준으로 한다. 공고 시점에 따라 소득금액 기준이 다를 수 있으니 반드시 입주자모집공고문을 확인해야 한다(140p의 소득 부분 참고). 자녀가 없는 신혼부부는 표의 3인 이하 항목의 소득을 보고, 실제 소득이 표의 가구원 수에 해당하는 금액을 초과한다면 신청 자격이 없다.

신혼희망타운의 자산 요건

신혼희망타운은 총자산 조건도 충족해야 한다. 2021년에는 3억 700만 원이었고, 2022년에는 3억 4,100만 원으로 올랐다. 청약에 당첨되면 개인정보 수집·이용 및 제3자 제공 동의서와 금융정보 제공 동의서를 제출해야 한다. 해당 서류를 제출하면 사회보장 정보시스템을 통

해 조사 대상자 전원의 자산 정보를 조사하게 된다. 총자산은 부동산 (건물+토지), 금융자산, 기타자산, 자동차를 더한 금액에서 부채를 차감한 값이다.

금융자산 세부내역

■ 보통예금, 저축예금, 자유 저축예금, 외화예금 등 요구불예금: 최근 3개월 이내의 평균 잔액

■ 정기예금, 정기적금, 정기저축 등 저축성예금: 예금의 잔액 또는 총납입액

■ 주식, 수익증권, 출자금, 출자지분, 부동산(연금)신탁: 최종 시세가액

■ 채권, 어음, 수표, 채무증서, 신주인수권 증서, 양도성예금증서: 액면가액

■ 연금저축: 잔액 또는 총납입액

■ 보험증권: 해약하는 경우 지급받게 될 환급금

■ 연금보험: 해약하는 경우 지급받게 될 환급금

출처: LH 21년 사전청약 3차 지구 신혼희망타운 입주자모집공고

총자산을 계산하면서 금융자산을 잘못 확인해 청약 부적격 처리되는 경우가 많다. 입출금이 자유로운 요구불예금은 3개월 이내의 평균 잔액으로 계산하고 적금이나 예금 등은 사회보장시스템 조회 시점의 잔액 또는 총납입액을 기준으로 한다. 보험증권과 연금보험의 해지 환급금도 꼼꼼하게 체크해야 한다. 고액의 보장성보험이나 저축성보험에 가입한 경우 수천만 원의 해지 환급금이 자산으로 잡힐 수도 있다.

수백만 원의 비상금을 통장에 보유하고 있다가 청약 부적격이 된 사례도 있으니 조심해야 한다. 자신조차 잊고 있던 계좌의 잔액을 보

고 싶다면 금융결제원에서 운영하는 계좌정보통합관리 서비스(www.payinfo.or.kr)의 '내계좌 한눈에' 메뉴를 활용해서 보유한 모든 계좌의 잔액을 확인하자.

총자산에서 차감하는 부채 항목도 정확히 봐야 한다. 마이너스통장이라 불리는 한도 대출이나 카드론은 부채로 인정되지 않는다. 신혼집 마련을 위해 부모에게 차용증을 쓰고 빌린 돈도 부채에 해당하지 않기에 주의해야 한다. 개인 간 차용증 거래도 마찬가지다. PART 04의 부적격 사례를 자세히 읽어보자.

■「금융실명거래 및 비밀보장에 관한 법률」 제2조 제1호에 따른 금융회사 등으로부터 받은 대출금

※ 조회 시 제외되는 항목 예시: 한도 대출(마이너스통장 대출), 카드론 등

■ 공공기관 대출금

■ 법에 근거한 공제회 대출금

■ 법원에 의하여(판결문, 화해·조정조서) 확인된 사채

■ 임대보증금(단, 해당 부동산 가액 이하의 금액만 반영)

출처: LH 21년 사전청약 3차 지구 신혼희망타운 입주자모집공고

신혼희망타운의 수익 공유

기본 자격, 세부 공통 자격, 소득 기준, 자산 기준 등 까다로운 조건을 모두 충족했다면 다음 신혼희망타운 외면 이유인 수익 공유로 넘어가자. 신혼희망타운은 주택공급가격이 총자산 가액(2022년 기준, 3억 4

,100만 원)을 초과하는 경우 무조건 '신혼희망타운 전용 주택담보 장기대출(수익공유형 모기지) 상품'에 가입해야 한다.

수익공유형 모기지 상품에 가입하면 추후 주택을 매도하거나 대출금을 상환할 때 시세차익의 최대 50%(최소 10%)를 기금에 내야 한다. 시세차익은 주택을 매도한 금액에서 분양금액을 뺀 금액이고, 부동산 중개료나 양도소득세와 같은 제반 비용은 고객이 부담한다.

수익 공유를 최소로 하고 싶다면 방법은 3가지다. 첫 번째는 주택을 늦게 매도하거나 대출금을 늦게 상환하면 된다. 대출 기간이 길수록 수익 공유 비율이 줄어들기 때문이다. 참고로 주택 매도가 아닌 대출금 중도상환의 경우 전액 상환만 허용한다. 두 번째는 대출을 적게 받으면 된다. 신혼희망타운 전용 주택담보 대출은 주택 공급가격의 최소 30%에서 최대 70%(4억 원 한도)까지 대출이 가능하다. 자금의 여유가 있다면 대출을 적게 받을수록 유리한 구조다. 마지막으로 가장 빠르게 수익 공유 비율을 줄이는 방법은 출산이다. 다음 수익 공유 정산표를 보면 자녀 수에 따라 정산 비율이 다름을 확인할 수 있다.

수익 공유 정산표

대출기간	대출 70% 실행			대출 60% 실행			대출 50% 실행		
	자녀0	자녀1	자녀2	자녀0	자녀1	자녀2	자녀0	자녀1	자녀2
1~9	50%	40%	30%	45%	35%	25%	40%	30%	20%
10	48%	38%	28%	43%	33%	23%	38%	28%	18%
11	46%	36%	26%	41%	31%	21%	36%	26%	16%
12	44%	34%	24%	39%	29%	19%	34%	24%	14%
13	42%	32%	22%	37%	27%	17%	32%	22%	12%
14	40%	30%	20%	35%	25%	15%	30%	20%	10%
15	38%	28%	18%	33%	23%	13%	28%	18%	10%
16	36%	26%	16%	31%	21%	10%	26%	15%	10%
17	34%	24%	14%	29%	19%	10%	24%	15%	10%
18	32%	22%	12%	27%	17%	10%	22%	15%	10%
19	30%	20%	10%	25%	15%	10%	20%	15%	10%
20	28%	18%	10%	23%	15%	10%	20%	15%	10%
21	26%	15%	10%	20%	15%	10%	20%	15%	10%
22	24%	15%	10%	20%	15%	10%	20%	15%	10%
23	22%	15%	10%	20%	15%	10%	20%	15%	10%
24	20%	15%	10%	20%	15%	10%	20%	15%	10%
25	20%	15%	10%	20%	15%	10%	20%	15%	10%
26	20%	15%	10%	20%	15%	10%	20%	15%	10%
27	20%	15%	10%	20%	15%	10%	20%	15%	10%
28	20%	15%	10%	20%	15%	10%	20%	15%	10%
29	20%	15%	10%	20%	15%	10%	20%	15%	10%
30	20%	15%	10%	20%	15%	10%	20%	15%	10%

대출 기간	대출 40% 실행			대출 30% 실행		
	자녀0	자녀1	자녀2	자녀0	자녀1	자녀2
1~9	35%	25%	15%	30%	20%	10%
10	33%	23%	13%	28%	18%	10%
11	31%	21%	10%	26%	15%	10%
12	29%	19%	10%	24%	15%	10%
13	27%	17%	10%	22%	15%	10%
14	25%	15%	10%	20%	15%	10%
15	23%	15%	10%	20%	15%	10%
16	20%	15%	10%	20%	15%	10%
17	20%	15%	10%	20%	15%	10%
18	20%	15%	10%	20%	15%	10%
19	20%	15%	10%	20%	15%	10%
20	20%	15%	10%	20%	15%	10%
21	20%	15%	10%	20%	15%	10%
22	20%	15%	10%	20%	15%	10%
23	20%	15%	10%	20%	15%	10%
24	20%	15%	10%	20%	15%	10%
25	20%	15%	10%	20%	15%	10%
26	20%	15%	10%	20%	15%	10%
27	20%	15%	10%	20%	15%	10%
28	20%	15%	10%	20%	15%	10%
29	20%	15%	10%	20%	15%	10%
30	20%	15%	10%	20%	15%	10%

출처: 대한민국 정책브리핑, 신혼희망타운 전용 수익공유형 모기지 성산표

신혼희망타운의 모기지 상품은 정부 정책 기조를 바탕으로 만들어졌다. 대출 기간이 길수록 수익 공유 비율이 낮아지는 것은 실수요자를 우대하겠다는 의미이고, 자녀 수가 많으면 우대해주는 부분은 우리 사회의 저출산 문제를 해결하기 위한 목적임을 알 수 있다.

신혼희망타운의 작은 평형

신혼희망타운이 외면받는 또 다른 이유는 작은 평수이다. 국내에서 가장 선호하는 주택은 전용 84m²이지만 신혼희망타운은 전용 면적 60m² 이하의 주택 타입만 공급되기 때문에 수요가 적다. 그나마 전용 면적 59m² 주택은 경쟁률이 높지만 46m² 타입은 아이를 키우기에 너무 좁다는 인식이 있어 종종 미달이 난다.

과천 주암 타입과 공급 수

구분	지구	블록	타입	배정
공공분양(특별공급)	과천 주암	C1	84	94
신혼희망타운	과천 주암	합계		1,421
		C1	46	188
			55	582
		C2	46	29
			55	622

출처: 국토교통부 보도참고자료

2021년 사전청약 3차 지구 과천 주암지구 공급물량을 보면 신혼희망타운은 46, 55 타입으로만 배정된 걸 확인할 수 있다. 전용 면적 59m²가 있었던 위례 자이 더시티 신혼희망타운 경쟁률도 살펴보자. 경기도 성남시 수정구 창곡동에 위치하여 서울 접근성이 뛰어난 단지였고 분양가가 주변 시세보다 낮아 수억 원 이상의 차익이 기대되는 '로또 청약' 건이었다.

위례 A2-6블록 신혼희망타운 청약접수 결과

타입	배정	접수	경쟁률
46	35	1,381	39.46대 1
49	6	282	47대 1
55A	60	2,347	39.12대 1
55B	50	2,177	43.54대 1
59	142	10,839	76.33대 1
총계	293	17,026	58.11대 1

출처: LH청약센터 위례 A2-6블록 신혼희망타운 청약접수 결과

2021년 1월 19일에 게시된 위례 자이 더시티 신혼희망타운 청약신청 결과를 보면 59 타입의 경쟁률이 76.33대 1로 가장 높다. 두 번째에 있는 49 타입의 경우 배정 물량이 6개뿐이라 경쟁률이 47대 1이지만 전반적으로 평수가 넓을수록 경쟁률이 높다.

공급 단지마다 차이는 있겠으나 59 타입은 방이 3개, 55 타입은 방 2개에 작은 알파룸, 50 타입 이하는 방이 2개인 경우가 대부분이다. 자녀가 없는 신혼부부에게는 괜찮을 수 있지만, 자녀가 있고 성장한다면 좁게 느낄 수 있다. 출산을 장려하기 위한 주거 정책으로는 부족한 측면이 있다. 다행히 앞으로는 60m² 이상의 신혼희망타운도 공급할 예정이라 한다. 수요자 측면에서는 선택의 폭이 넓어지는 만큼 기회가 될 수 있다.

신혼희망타운에는
분명 기회가 있다

신혼희망타운에 장점만 있는 건 아니지만, 신청 자격을 갖춘 실수요자에게는 분명한 기회이다. 자격요건이 까다롭다는 건 그만큼 경쟁률이 낮다는 의미다. 신혼희망타운 분양형 청약 당첨은 기본적으로 가점제다. 점수가 높은 순서로 당첨이 결정되며, 동점자가 발생하면 추첨으로 선정한다(1, 2단계 가점제 동일).

1단계는 혼인 2년 이내의 신혼부부, 예비 신혼부부 및 2세 이하의 자녀를 둔 한부모 가족에게 먼저 30%를 공급한다. 우선공급의 만점은 가구소득, 거주기간, 청약통장 납입 인정 횟수가 각각 최대 3점씩 9점이다.

1단계 30% 우선공급

가점항목	평가요소	점수	비고
(1)가구소득	① 70% 이하	3	(예비)배우자 소득이 있는 경우 80% 이하
	② 70% 초과 100% 이하	2	(예비)배우자 소득이 있는 경우 80%~110%
	③ 100% 초과	1	(예비)배우자 소득이 있는 경우 110% 초과
(2)해당 지역 (시·도) 연속 거주기간	① 2년 이상	3	신청자가 공고일 현재 00(시는 특별시·광역시·특별자치시 기준이고, 도는 도·특별자치도 기준)에서 주민등록표등본상 계속해서 거주한 기간을 말하며 해당 지역에 거주하지 않은 경우 0점
	② 1년 이상 2년 미만	2	
	③ 1년 미만	1	
(3)입주자저축 납입인정 횟수	① 24회 이상	3	입주자저축 가입 확인서 기준
	② 12회 이상 23회 이하	2	
	③ 6회 이상 11회 이하	1	

출처: 마이홈(www.myhome.go.kr)

가구 소득은 다음의 도시근로자 월평균 소득표를 참고해서 계산한다. 모집공고 시점에 따라 전년도 도시근로자 소득이 바뀔 수 있으니 정확한 소득금액은 입주자모집공고문에서 확인하자. 관심 지역의 경우 9점 만점자 중에서 추첨으로 결정되는 경우가 많다.

(참고) 2021년도 도시근로자 가구원수별 월평균소득 기준

가구당 월평균소득 비율		3인 이하	4인
70% 수준	배우자 소득 없음: 70%	4,346,254원	5,040,566원
	배우자 소득 있음: 80%	4,967,147원	5,760,647원
100% 수준	배우자 소득 없음: 100%	6,208,934원	7,200,809원
	배우자 소득 있음: 110%	6,829,827원	7,920,890원
130% 수준	배우자 소득 없음: 130%	8,071,614원	9,361,052원
	배우자 소득 있음: 140%	8,692,508원	10,081,133원

가구당 월평균소득 비율		5인	6인
70% 수준	배우자 소득 없음: 70%	5,128,250원	5,445,878원
	배우자 소득 있음: 80%	5,860,858원	6,223,860원
100% 수준	배우자 소득 없음: 100%	7,326,072원	7,779,825원
	배우자 소득 있음: 110%	8,058,679원	8,557,808원
130% 수준	배우자 소득 없음: 130%	9,523,894원	10,113,773원
	배우자 소득 있음: 140%	10,256,501원	10,891,755원

출처: 2022년 2월 사전청약 신혼희망타운(공공분양) 모집공고문

2단계는 1단계 낙첨자, 혼인 2년 초과 7년 이내 신혼부부 및 3세 이상 (만 3세 이상 만 7세 미만을 말함) 자녀를 둔 한부모가족에게 가점제로 공급한다. 잔여공급의 만점은 미성년자 수, 무주택기간, 거주기간, 청약통장 납입 인정 횟수 각각 최대 3점씩 12점이다.

2단계 70% 잔여공급

가점항목	평가요소	점수	비고
(1)미성년자 수	① 3명 이상	3	태아(입양) 포함
	② 2명	2	
	③ 1명	1	
(2)무주택기간	① 3년 이상	3	만30세 이후의 기간으로 하되, 그 전에 혼인한 경우 혼인신고일로부터 공고일 현재까지 세대구성원(예비신혼부부는 혼인으로 구성될 세대를 말함) 전원이 무주택인 기간으로 산정
	② 1년 이상 3년 미만	2	
	③ 1년 미만	1	※ 공고일 현재 만30세 미만이면서 혼인한 적이 없는 분은 가점 선택 불가
(3)해당 지역 (시·도) 연속 거주기간	① 2년 이상	3	신청자가 공고일 현재 OO(시는 특별시·광역시·특별자치시 기준이고, 도는 도·특별자치도 기준)에서 주민등록표등본상 계속해서 거주한 기간을 말함, 해당 지역에 거주하지 않은 경우 0점
	② 1년 이상 2년 미만	2	
	③ 1년 미만	1	
(4)입주자저축 납입인정 횟수	① 24회 이상	3	입주자저축 가입 확인서 기준
	② 12회 이상 23회 이하	2	
	③ 6회 이상 11회 이하	1	

출처: 마이홈(www.myhome.go.kr)

2단계에서는 미성년자녀 수와 무주택기간을 본다. 미성년자녀 수는 3명 이상이면 3점 만점이다. 자녀가 없다면 0점이다. 무주택기간은 만30세 이후를 기준으로 계산하는 게 기본이지만 그전에 혼인신고를 했다면 혼인신고일을 기준으로 한다.

신혼희망타운만의 낮은 금리

신혼희망타운은 수익공유형 모기지 정산표에 따라 기금과 최소 10%에서 최대 50%를 정산해야 하는 단점이 있다. 하지만 최대 1.3% 고정금리로 주택 공급가격의 70%(최대한도 4억 원)까지 대출이 가능한 부분은 큰 장점이기도 하다. 저금리 시기에도 1.3%는 꽤장히 낮은 금리인데, 금리 상승기에 5~6% 주택 담보대출 금리와 비교하면 비교우위에 있다. 상환 방법은 1년거치 19년 또는 1년거치 29년 원리금균등분할상환 원칙이고, 중도상환시에는 전액상환만 가능하다. 개인의 선택이지만 금리가 저렴하기 때문에 1년 거치 19년보다는 1년 거치 29년을 선택하는 걸 추천한다.

수익 공유를 하지 않고 싶다면?

분양가가 3억 4,100만 원(2022년 기준) 이하라면 모기지 가입 의무 대상이 아니다. 보금자리론 등 다른 대출 상품을 활용하면 수익 공유를 피할 수 있다. 분양가가 3억 4,100만 원(2022년 기준)을 약간 초과할 경우 마이너스 옵션을 선택하는 방법도 있다. 주방가구, 합판마루, 벽지 등의 옵션을 제외하는 방법으로 분양가를 낮출 수 있다. 대신 옵션을 제외하면 나중에 공사를 처음부터 끝까지 직접 해야 한다는 점을 고려해야 한다. 신혼희망타운의 취지에 맞는 방법은 아니라 추천하지는 않지만 제도상(2022년 4월 작성 기준) 법에 저촉되는 건 아니다.

집값이 내려가도 보험은 있다

2022년 들어 부동산 시장이 꽁꽁 얼어붙었다. 전망에 대해서도 전문가들의 의견이 엇갈린다. 몇 년간 이어진 부동산 상승세가 꺾이고 조정이 온다는 의견도 있고, 잠시 주춤할 뿐 부동산 가격은 계속 상승한다는 주장도 있다. 미래의 부동산 가격은 예측만 할 뿐 어떻게 될지 일반인들은 알기 어렵다.

신혼희망타운은 시세 하락 시 기금과 수익 공유를 하지 않는다. 시세 차익이 크지 않다면 공유할 수익도 작다는 의미이고, 그동안 1.3% 초저금리 대출을 받은 부분으로 만회가 된다. 시세 차익이 크다면 수익 공유 비율도 높겠지만 주변 시세에 비해 저렴한 분양가로 입주한 점을 고려하면 일부 상쇄가 된다. 1.3% 고정금리로 이자 비용이 적은 점도 동일하게 적용된다.

실거주자는 수익공유에 대한 영향을 덜 받는다. 수익 공유는 자녀 수, 대출 기간, 대출 금액의 영향을 받는다. 대출 기간이 길어질수록 수익 공유 비율이 낮아진다. 앞으로 중대형 신혼희망타운도 나올 예정이지만 60m² 미만 작은 집에서 자녀를 어떻게 키우냐는 의견이 있을 수 있다. 자녀가 없다면 비좁지는 않을 정도이고, 자녀가 있다면 집이 좁다는 느낌이 들 때까지 살면 된다. 자녀가 커서 더 넓은 집으로 이사를 하고 싶다면 아파트를 매도하고 더 넓은 집으로 가도 좋다. 수익공유 비율 때문에 매도 시점이 아니라고 생각하면 의무거주기간을 채우고 세를 준 뒤 이사 가면 된다.

폭넓은 신혼희망타운만의 대출 한도

처음부터 넓은 집에 살면 당연히 좋다. 하지만 다른 특별공급 청약이나 일반공급은 당첨이 어렵다. 미달이 나는 지역에 청약을 넣는 게 아닌 이상 말이다. 당첨되더라도 자금 마련이 어려운 경우도 생긴다. 전용 84m² 아파트를 공급 34평으로 가정하고 평당 분양가를 2,500만 원으로 계산해 보면 8억 5,000만 원이다. 분양가가 9억 원을 초과하면 중도금 대출도 나오지 않는 점도 고려해야 한다.

6억 원을 초과하기 때문에 보금자리론도 받지 못한다. 주택 담보대출 40%를 제외한 나머지 금액을 준비해야 하는데, 2022년 1월부터 총부채원리금상환비율(DSR) 규제가 2단계로 강화됐다. 주택 가격과 상관없이 2억 원 이상의 대출을 받으면 차주 단위 DSR이 적용되어 소득이 낮을 경우 40%도 대출을 받을 수 없다. 7월에는 DSR 규제 3단계를 적용해 1억 원 초과 대출이 있다면 차주 단위 DSR을 적용한다. 2022년 대선 이후 LTV 완화에 대한 이야기가 논의되고 있지만, DSR에 대해서는 아직 미지수이다. 자금 마련 측면에서 최대 70%(4억 원 한도)까지 대출이 가능한 신혼희망타운은 메리트가 있다.

청약 제도가 아닌 이상 돈을 차곡차곡 모아서 서울에 집을 살 수 있는 시대는 이미 지났다. 신혼희망타운은 다른 청약 제도에 비해 경쟁률이 낮다. 자격 요건을 갖춘 사람도 적고 사람들의 관심도 적다. 자격 요건이 된다면 신혼희망타운에 살면서 준비를 잘해서, 시세차익과 그동안 모은 돈을 합쳐 더 큰 집으로 이사할 계획을 세우는 것도 현명한 전략이다.

일반공급에도
기회는 있다

특별공급 자격 요건이 안 된다고 무조건 포기하기는 이르다. 우리에게는 일반 공급이 남아있다. 특별공급보다는 경쟁률이 높지만 눈높이를 조금 낮춘다면 당첨 가능성이 열린다. 일반공급도 국민주택, 민영주택 여부에 따라 청약 방식이 다르다. 국민주택은 순위순차제로 입주자를 선정하고, 민영주택은 가점제나 추첨제로 입주자를 정한다. 신혼부부의 경우 국민주택보다는 민영주택에 집중하는 게 당첨 가능성이 높다.

국민주택은 청약 1순위, 2순위에 따라 입주자를 정한다. 1순위에서 미달이 발생한 경우에만 2순위 청약을 진행한다. 1순위에서 경쟁이 있으면 순차 1에 해당하는 기준으로 입주자를 정하고, 미달 발생 시 순차 2에 해당하는 내용을 적용한다. 2순위에서는 경쟁 발생 시 추첨을 통해 입주자를 결정한다.

실제 청약에 도전해 보면 전용 면적 40m² 초과 주택에 신청하는 경우가 많다. 저축총액은 월 10만 원까지 인정하기 때문에 신혼부부는 미달이 발생하지 않는 한 당첨이 어렵다. 인기지역은 청약 통장 납입액이 2천만 원(16년 8개월 납입)을 초과해도 안심할 수 없다.

국민주택(순위순차제)

순차	40m^2 초과
1	3년 이상의 기간 무주택세대구성원으로서 저축총액이 많은 자
2	저축총액이 많은 자

순차	40m^2 이하
1	3년 이상의 기간 무주택세대구성원으로서 납입횟수가 많은 자
2	납입횟수가 많은 자

출처: 청약홈

민영주택 역시 1순위, 2순위에 따라 입주자를 정하고, 1순위에서 미달이 발생한 경우에만 2순위 청약을 진행한다. 1순위에서 경쟁이 있으면 가점제나 추첨제를 적용하고, 2순위에서 경쟁이 있으면 추첨을 한다. 전용면적 85m^{2}를 기준으로 지역에 따라 비율이 달라지는 부분을 확인하고 청약 신청을 해야 한다.

민영주택(가점제, 추첨제)

주거전용면적	투기과열지구	청약과열지역	수도권 내 공공주택지구
85m^2 이하	가점제 100%	가점제 75% 추첨제 25%	가점제 100%
85m^2 초과	가점제 50% 추첨제 50%	가점제 30% 추첨제 70%	가점제 50%(~0%) (시장 등이 50% 이하로 조정 가능) 추첨제 50%(~100%)

주거전용면적	85m² 초과 공공 건설임대주택	그 외 주택
85m² 이하	–	가점제 40%(~0%)(시장 등이 40%이하로 조정가능) 추첨제 60~100%
85m² 초과	가점제 100%	추첨제 100%

10점대 가점으로 수도권 아파트에 당첨?

2022년 2월 입주자 모집공고가 난 경기도 광주 두산위브 광주센트럴파크 일반분양 경쟁률 현황이다.

경기도 광주 두산위브 광주센트럴파크(1순위 마감)

주택형	공급 세대수	순위		접수 건수	경쟁률	당첨가점		
						최저	최고	평균
59	128	1순위	해당 지역	310	2.42	19	56	31.21
			기타 지역	956	–	0	0	0
84A	125	1순위	해당 지역	493	3.94	21	63	35
			기타 지역	1,233	–	0	0	0
84B	61	1순위	해당 지역	118	1.93	–	–	–
			기타 지역	514	–	–	–	–

경기도 광주시 탄벌동 437-1 위치에 653세대 규모로 공급되는 단지다. 공급금액이 전용 59m²의 경우 가격이 가장 비싼 20층 이상인 경우 약 3억 9,000만 원이고, 전용 84m²의 경우 84A 타입은 최고 약 5억 3,000만 원, 84B 타입은 최고 약 5억 1,000만 원이다.

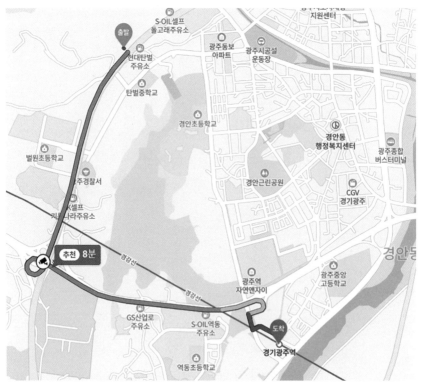

그림 3-2 경기도 광주 두산위브 광주센트럴파크와 경기광주역 위치

차량으로 약 10분 이내에 경강선 경기광주역과 광주종합버스터미널이 있어 실거주로 내 집 마련하기에는 괜찮은 조건이었다. 경기광주역을 이용하면 판교까지 빠르게 이동이 가능하고, 강남 접근성도 좋은 편이다. 현재는 인프라가 잘 갖춰져 있지 않지만, 인근에 재개발 호재

가 있어 장기적으로는 전망이 좋은 지역이다.

광주 두산위브 광주센트럴파크는 일반 분양 1순위에서 청약이 마감됐다. 경기 광주시에 2년 이상 계속 거주해야 일반공급 당해 1순위 자격이 주어졌다. 여기서 주목할 부분은 당첨 가점이다. 전용 59 타입의 최저 당첨 가점은 19점이고 84A 타입의 최저 가점은 21점이다.

현재 본인의 가점을 계산해 보자. 무주택 기간이 4년 이상이고 청약통장 가입 기간도 4년 이상이라면 각각 10점과 6점이다. 여기에 부양가족이 없어도 받는 5점을 더하면 21점이 된다. 자녀가 없는 신혼부부도, 1인 가구도 아파트 청약에 관심을 가져야 하는 이유다. 서울, 수도권의 인기 단지는 워낙 경쟁이 심해 가점제로 당첨이 어렵지만, 본인의 생활권 내 감당이 가능한 지역으로 이동해 당해 요건을 충족한다면 가능성이 있다.

가점 산정기준 - 총 84점 만점(무주택기간 32점, 부양가족 수 35점, 입주자 저축 가입기간 17점)

가점항목	가점구분	점수	가점구분	점수
무주택 기간	1년 미만	2	8년 이상 ~ 9년 미만	18
	1년 이상 ~ 2년 미만	4	9년 이상 ~ 10년 미만	20
	2년 이상 ~ 3년 미만	6	10년 이상 ~ 11년 미만	22
	3년 이상 ~ 4년 미만	8	11년 이상 ~ 12년 미만	24
	4년 이상 ~ 5년 미만	10	12년 이상 ~ 13년 미만	26
	5년 이상 ~ 6년 미만	12	13년 이상 ~ 14년 미만	28
	6년 이상 ~ 7년 미만	14	14년 이상 ~ 15년 미만	30
	7년 이상 ~ 8년 미만	16	15년 이상	32
부양 가족수	0명	5	4명	25
	1명	10	5명	30
	2명	15	6명 이상	35
	3명	20		
입주자 저축 가입기간	6개월 미만	1	8년 이상 ~ 9년 미만	10
	6개월 이상 ~ 1년 미만	2	9년 이상 ~ 10년 미만	11
	1년 이상 ~ 2년 미만	3	10년 이상 ~ 11년 미만	12
	2년 이상 ~ 3년 미만	4	11년 이상 ~ 12년 미만	13
	3년 이상 ~ 4년 미만	5	12년 이상 ~ 13년 미만	14
	4년 이상 ~ 5년 미만	6	13년 이상 ~ 14년 미만	15
	5년 이상 ~ 6년 미만	7	14년 이상 ~ 15년 미만	16
	6년 이상 ~ 7년 미만	8	15년 이상	17
	7년 이상 ~ 8년 미만	9		

출처: 주택공급에 관한 규칙 [별표 1] 가점제 적용기준

초보자가 일반 공급에 지원할 때 주의할 점 ①

가점 계산 시 유의해야 할 사항들이 있다. 무주택자 여부는 세대에 속한 전원이 주택을 소유하지 않아야 한다. 무주택 기간은 신청자와 그 배우자를 기준으로 하고, 신청자의 나이가 만 30세가 되는 날부터 무주택 기간을 세야 한다. 태어나서 한 번도 주택을 소유한 적이 없다고 0세를 기준으로 점수를 적으면 안 된다. 만 30세 미만의 미혼자는 무주택 기간 항목은 0점이다. 만 30세 이전에 결혼을 한 경우에는 혼인관계증명서에 적힌 혼인신고일부터 무주택 기간을 계산하면 된다. 혼인신고를 하지 않았다면 인정되지 않는다. 과거에 신청자 또는 배우자가 주택을 보유하고 있었다면 주택을 매도하고 다시 무주택자가 된 날부터 기간을 계산해야 한다. 집을 여러 번 사고팔았다면 가장 최근에 처분한 집을 기준으로 무주택 기간을 본다.

'주택공급에관한규칙' 제53조 제9호에 따르면 민영주택의 일반공급 청약에서는 소형·저가주택등을 1호 또는 1세대 가지고 있는 경우 무주택으로 인정받을 수 있다. 소형·저가주택등이란 전용면적 60m² 이하이고, 공시가격이 수도권은 1억 3,000만 원, 비수도권은 8,000만 원 이하인 주택이나 분양권 등을 말한다. 특별공급에서는 무주택으로 인정하지 않는다.

'주택공급에관한규칙' 제53조 제6호에 따르면 60세 이상의 직계존속(배우자의 직계존속 포함)이 주택이나 분양권을 소유하고 있는 경우에도 무주택으로 인정한다. 직계존속이란 부모나 조부모를 말하며, 노부모부양 특별공급에서는 유주택자로 보니 유의하자.

'주택공급에관한규칙' 제53조 제5호에 따르면 20m² 이하의 주택 또는 분양권을 소유하고 있는 경우에도 무주택으로 인정한다. 단, 2호 또는 2세대 이상의 주택이나 분양권을 소유하고 있다면 제외한다.

주택이나 분양권을 가지고 있는 경우 그 밖의 제53조 항목을 보고 무주택으로 인정받는 케이스가 있는지 확인해보자. 무주택자라면 바로 무주택 기간만 계산하면 된다.

초보자가 일반 공급에 지원할 때 주의할 점 ②

부양가족은 주민등록표등본를 기준으로 계산하면 이해가 쉽다. 점수를 계산할 때 입주자 모집공고일 현재 신청자 또는 그 배우자와 같은 세대별 주민등록표등본에 기재된 세대원을 기준으로 한다. 부양가족 가점에서 신청자 본인은 부양가족에 해당하지 않는다는 점을 명심하자. 대신, 배우자는 같은 세대별 주민등록표등본에 등재되어 있지 않아도 인정한다. 다른 부양가족이 없는 상태에서 혼인신고를 했다면 부양가족은 배우자 1명(10점)이다. 자녀는 미혼인 경우에만 해당한다.

신청자 또는 배우자의 직계존속(부모, 조부모)은 신청자가 입주자 모집공고일 현재 세대주인 경우 최근 3년 이상 계속해서 신청자 또는 배우자와 같은 세대별 주민등록표등본에 등재되어 있어야 부양가족으로 인정한다. 단, 직계존속과 그 배우자 중 한 명이라도 주택을 소유하고 있으면 직계존속과 그 배우자 모두 부양가족으로 인정하지 않는다. '주택공급에관한규칙' 제53조 제6호에 따라 60세 이상의 직계존속의 주택은 무주택으로 인정한다는 조항은 무주택기간을 계산할 때는 포함하지만 부양가족 수에는 적용되지 않는다.

신청자의 나이 30세 이상 직계비속(자녀, 손자녀)은 입주자 모집공고일을 기준으로 최근 1년 이상 계속해서 같은 세대별 주민등록표등본에 등재되어 있어야 부양가족으로 인정한다. 이혼한 자녀는 기혼자이므로 제외한다. 손자녀는 손자녀의 부모가 모두 사망한 경우에 부양가족으로 인정한다.

가점 계산 시 고려할 점이 많지만 한 번 제대로 계산해두면 이후에 업데이트는 어렵지 않다. 입주자 모집 공고일 기준으로 달라지는 부분만 확인하면 된다. 가점이 높지 않아도 플랜을 잘 세우면 분명 기회가 있으니 아파트 청약의 기회를 그냥 날리는 일이 없도록 하자.

가점이 부족하면
추첨제를 노리자

일반공급 가점제는 아무래도 40대나 50대 이상에게 유리하다. 무주택 기간부터 부양가족 그리고 청약통장 가입 기간 조건이 모두 시간의 영향을 받기 때문이다. 가점이 낮아도 아파트 청약 당첨 가능성이 없는 건 아니지만 관심 지역이 아닌 곳을 찾아야 하는 불리함이 있다. 가점이 낮다면 사람들의 관심에서 조금 벗어나 있지만 전망이 좋은 곳을 찾는 전략이 유효하다. 거기에 관심 지역의 추첨제를 함께 준비한다면 당첨 가능성은 더 커진다.

국민주택은 청약통장 납입 금액이나 횟수가 기준이라 20대나 30대가 접근하기 어려워 민영주택을 중심으로 보는 게 좋다. 이해를 돕기 위해 일반공급에서 사용한 민영주택 표를 다시 가져왔다. 전용면적 85m² 이하 민영주택에서는 청약과열지역에 일반공급 물량 25%를 추첨으로 정한다. 전용면적 85m² 초과 민영주택은 투기과열지구, 청약과열지역, 수도권 내 공공주택지구 등 선택지가 넓고 추첨제 비율도 높다.

주거전용면적	투기과열지구	청약과열지역	수도권 내 공공주택지구
85m² 이하	가점제 100%	가점제 75% 추첨제 25%	가점제 100%
85m² 초과	가점제 50% 추첨제 50%	가점제 30% 추첨제 70%	가점제 50%(~0%) (시장 등이 50% 이하로 조정 가능) 추첨제 50%(~100%)

주거전용면적	85m² 초과 공공건설임대주택	그 외 주택
85m² 이하	–	가점제 40%(~0%) (시장 등이 40% 이하로 조정 가능) 추첨제 60~100%
85m² 초과	가점제 100%	추첨제 100%

출처: 청약홈

가점 고수를 이기는 추첨 전략

2022년 1월 입주자 모집공고가 난 경기도 오산 세교2지구 A1블록 호반써밋 그랜빌 II은 경기도 오산시 궐동 세교2지구 A1블록 위치에 897세대 규모로 공급되는 단지다.

오산 세교2지구 A1블록 호반써밋 그랜빌 II 일반공급 경쟁률(1순위 마감)

주택형	공급 세대수	순위		접수 건수	경쟁률	당첨가점		
						최저	최고	평균
84A	132	1순위	해당지역	1,031	25.78	57	69	62.5
			기타경기	3,436	170.27	60	69	64.1
			기타지역	819	79.09	56	69	58.82

주택형	공급 세대수	순위		접수 건수	경쟁률 최저	당첨가점		
						최저	최고	평균
84B	47	1순위	해당지역	195	13.93	54	59	56.55
			기타경기	648	92.11	57	64	60.57
			기타지역	164	41	52	58	53.83
84C	36	1순위	해당지역	159	14.45	50	57	53.33
			기타경기	607	107.86	56	63	58.33
			기타지역	202	52.78	51	56	53.57
111	282	1순위	해당지역	1,156	13.6	51	62	56.5
			기타경기	5,485	117.07	56	66	58.82
			기타지역	952	52.85	53	69	55.09

출처: 청약홈

전용 84A 타입의 공급금액이 최고가 기준 약 4억 3,000만 원이고, 전용 84B 타입은 약 4억 2,000만 원, 전용 84C 타입은 4억 1,000만 원으로 나왔다. 전용면적 111 타입은 최고가 기준 약 5억 3,000만 원이다. 해당 주택 단지는 청약과열지역에 속하고 분양가상한제가 적용되어 시세차익이 예상되는 단지였다. 주택형도 소형 평수 없이 국민 평형인 전용 면적 84m²의 비중이 높아 관심을 끌었다. 일반공급 가점제 당첨을 위해서는 최소 50점 이상이 필요했고, 최고 69점의 청약 통장을 가진 신청자도 있었다.

전용 84A, 84B, 84C 타입 일반공급 물량의 25%가 추첨제 물량으로 배정되었고, 111 타입은 전용 면적 85m²를 초과하여 70%가 추첨으로 당첨자를 선정했다. 평형이 큰 만큼 분양가에 대한 부담이 있지만 추첨 비중이 70%라는 부분에서 가점이 낮은 세대에게는 좋은 기회였다. 투기과열지구에서는 전용 면적 85m²를 초과한 경우에만 50% 추첨을 통해 당첨자를 정한다. 이 경우 역시 분양가를 가장 먼저 살펴봐야 한다. 주변 시세보다 저렴해도 평형이 큰 만큼 9억 원이 넘어가면 중도금 대출이 어렵기 때문이다. 일반공급 가점이 부족해도 추첨제를 잘 활용하면 아파트 청약 당첨으로 새 아파트에 입주할 수 있다.

줍줍 기회도
놓치지 말자

　아파트 청약에 당첨된 모든 사람이 입주하지는 않는다. 계약 취소나 계약 해지 등의 사유가 발생하면 해당 주택은 무순위 물량으로 분류가 된다. 이전까지 무순위 물량은 유주택자나 무주택자 관계없이 성인이면 누구나 신청이 가능해서 '줍줍'이라 불렸다. 청약 조건이 없어 전국의 어디든 신청이 가능한 점이 특징이었다.

달라진 무순위 청약 제도

　국토교통부는 2021년 5월 28일 무순위 청약에 대한 조건을 강화했다. 무주택 실수요자의 주택 마련 기회를 주는 방향의 개정안이다. 기존에 성인이면 무조건 가능했던 조건을 해당 주택 건설지역(시·군)의 무주택 세대 구성원인 성년자로 강화했다. 즉, 해당 지역에 거주하는 무주택 세대주 또는 세대원만 신청이 가능하다. 2022년 5월 진행한 과천 위버필드 취소 후 재공급 4세대에 대한 청약은 당해 무주택 세대주인 성인만 신청이 가능했다.

　재당첨에 대한 제한도 추가됐다. 규제지역에서 공급되는 무순위 물량에 당첨될 경우 일반 청약과 같이 투기과열지구는 10년, 조정대상지역은 7년의 재당첨 제한을 적용한다.

해당 지역 거주 조건과 재당첨 제한으로 기회가 줄어들기는 했으나, 해당 지역에 거주하는 실수요자 입장에서는 당첨 가능성이 높아진 셈이다. 줍줍을 노리고 특정 지역으로 이사를 하는 건 무리지만 거주하고 있는 지역에 무순위 공급 물량이 나오는지 여부는 확인하고 있어야 기회를 잡을 수 있다.

무순위 청약 정보는 어디서?

줍줍으로 아파트 청약 당첨을 노린다면 우리가 매일 메신저 앱을 이용하듯 청약홈 사이트를 자주 들어가 봐야 한다. 한국부동산원에서 만든 청약홈에는 각종 청약에 대한 정보뿐만 아니라 실제 청약을 신청하는 사이트이다. 무순위 청약에 대한 정보는 메뉴에서 '청약일정 및 통계 〉 청약캘린더(청약일정)' 순서로 진입하면 된다. 특별공급부터 민간사전청약까지 다양한 청약 정보를 한눈에 볼 수 있어 편리하다. 무순위 청약에 대한 내용만 보고 싶다면 '무순위/취소후재공급' 버튼만 활성화된 상태로 두면 된다.

□ 청약캘린더(청약일정)

그림 3-3 청약캘린더

무순위 청약 신청이 가능한 단지가 나오면 모집공고문을 보고 다시 한 번 자격 요건을 확인하면 된다. 주택형과 공급 세대수 그리고 분양가를 확인한 뒤 주변 아파트 시세와 비교하는 작업도 필요하다. 주변 시세와 비교해서 경쟁력이 있는지, 실거주하기 적합한 지 등을 고민한 후 무순위 청약에 도전하자.

2022년 2월 23일 모집공고한 인천 검단신도시 푸르지오 더 베뉴에 국민평형인 전용 84m² 1세대가 무순위 공급물량으로 나왔다. 분양가에 발코니 확장 및 옵션가를 더해 약 4억 4,500만 원으로 가격이 결정되어 관심이 집중됐다. 2019년 분양 당시 가격으로 분양가가 결정되면서 1세대 모집에 8,157명의 신청자가 몰렸다.

입주자모집공고 정보

검단신도시 푸르지오 더 베뉴	
공급위치	인천광역시 서구 원당동 1018
공급규모	1세대

※ 입주자모집공고 관련사항은 사업주체 또는 분양사무실 (02-706-6982)로 문의하시기 바랍니다.

[모집공고문 보기]

❏ **청약일정**

모집공고일	2022-02-23
청약접수	2022-02-28 ~ 2022-02-28
당첨자 발표일	2022-03-04
계약일	2022-03-15 ~ 2022-03-15

❏ **공급내역 및 입주예정월**

주택형	공급세대수	비고
084.9300A	1	- 공급금액 : 사업주체 문의 - 무순위/잔여세대 동·호수 : 모집공고문 참조 　(상단의 '모집공고문 보기'를 클릭하시면 확인 가능합니다)

* 입주예정월 : 2022.03

그림 3-4 입주자모집공고 정보

2022년, 모두가 기다리는 무순위 청약 지역은?

 2022년에 무순위 청약 중 가장 기대되는 지역은 경기도 과천이다. 일정은 확정되지 않았지만 과천 본도심 재건축 단지와 과천정보지식타운 등에서 약 200가구의 무순위 물량이 나올 것으로 보고 있다. 과천 지식정보타운에 들어설 아파트의 분양가는 전용 84m² 기준으로 약 7~8억 원 선이었다. 2022년 현 시세를 기준으로 보면 약 10억 원의 시세 차익이 예상된다. 2022년 2월 기준 경기도 과천시의 인구는 7만 7,632명이다. 무순위 청약 대상인 무주택 세대주 또는 세대원만 고려하면 경쟁률은 더욱 낮아진다.

경기도 과천시에 거주하기만 하면 줍줍 청약이 가능하다는 소문에 과천의 저렴한 전·월세 물량이 모두 소진되고 가격이 상승하면서 실거주자들의 부담이 커지고 있다. 국토교통부에 따르면 해당 지역에 일정 기간 거주해야 청약 자격을 주는 방안을 검토했지만, 당분간 기존 정책을 유지하는 형태로 결론을 냈다. 줍줍을 노리고 과천의 반지하, 옥탑방 등에 전입하는 사례가 있는데, 전입 시 반드시 실거주를 해야 한다. 위장전입 상태에서 청약했다가 추후 적발되면 주택법 위반 혐의로 형사처벌을 받을 수 있기 때문이다.

1인 가구, 고소득자, 무자녀 신혼부부도 특별공급 청약이 가능하다

특별공급 청약은 정책적인 배려가 필요한 계층의 주거 안정을 위한 제도이다. 그중 신혼부부 특별공급과 생애최초 특별공급은 혼인과 자녀수가 큰 영향을 미친다. 일반공급 가점제로는 청약 당첨이 어려운 청년을 위한 제도이기도 하다. 정부는 청년층의 혼인과 출산을 유도하여 저출산 문제를 해결하고, 무주택 청년은 내 집 마련의 꿈을 이룰 수 있다.

한계가 있었던 기존의 생애최초, 신혼부부 특별공급

기존 생애최초, 신혼부부 특별공급 제도는 그 이름에 걸맞은 역할을 하지는 못했다. 생애최초 특별공급은 입주자모집공고일 기준으로 혼인 중이거나 자녀가 있어야만 신청이 가능했기 때문이다. 태어나서 한 번도 주택을 소유한 적이 없지만 결혼을 하지 않았다면, 생애최초 특별공급 신청이 불가능했다. 혼인 중이거나 자녀가 있는 가구로 조건을 한정하니 생애최초라는 단어와는 어울리지 않는 측면이 있었다.

신혼부부 특별공급도 마찬가지였다. 신혼부부 특별공급은 신청자 중에서 자녀 수를 기준으로 우선 공급한다. 자녀가 없는 신혼부부는 해당 공급에서 미달이 나지 않는 이상 당첨 가능성이 거의 없다. 자녀가 없으면 당첨이 어려운 구조인데, 신혼부부 특별공급이라는 이름을 붙이기에는 어색한 부분이 있다.

이제 고소득자도 지원이 가능해진 생애최초, 신혼부부 특별공급

 기존 생애최초, 신혼부부 특별공급은 소득이 적을수록 가능성 당첨 가능성이 높은 구조이다. 도시근로자 월평균 소득을 기준으로 일정 소득 이하인 경우에 70% 물량을 우선으로 배정하기 때문이다. 도시근로자 월평균 소득의 160%를 초과하면 신청 자체가 불가능했다. 신혼부부가 대기업에서 맞벌이하거나 외벌이지만 소득이 높은 경우 자격 요건이 되지 않았다. 부동산 가격 상승으로 인해 급여 소득으로 내 집을 마련하기 어려워진 상황에서 160% 소득 기준을 계속 적용하는 것은 곤란한 부분이 있었다. 자녀의 소득은 적지만 부모의 자산이 많아 수월하게 당첨이 되고 자금도 마련할 수 있는 금수저를 위한 정책이라는 비판도 있었다. 2021년 11월 이후 입주자모집 단지부터는 보완된 생애최초, 신혼부부 특별공급 제도가 적용됐다.

생애최초 특별공급(민영주택)

구분	소득 기준	선별방식
우선(70%)	도시근로자 월평균 소득 130% 이하	추첨제
일반(30%)	도시근로자 월평균 소득 160% 이하	

구분	소득 기준	선별방식
우선(50%)	도시근로자 월평균 소득 130% 이하	추첨제
일반(20%)	도시근로자 월평균 소득 160% 이하	
추첨(30%)	소득 기준 없음	추첨제(1인 가구도 가능)

출처: 국토교통부 보도자료

1인 가구도 지원이 가능해진 생애최초 특별공급

1인 가구도 생애최초 특별공급 신청이 가능해졌다. 단, 민영주택에만 적용하고 60m² 이하의 주택에 신청해야 한다. 국토교통부는 민영주택이 분양주택 공급량의 90%를 차지하며, 저소득층·다자녀가구 등을 배려하는 측면에서 국민주택(공공분양)은 적용하지 않는다.

1인 가구 2020년 통계청 자료 기준으로 국내 1인 가구 비율은 31.7%를 기록했다. 2인 가구는 28.0%, 3인 가구는 20.1%, 4인 이상 가구는 20.2%였다. 1인 가구가 가장 흔한 가구의 형태가 된 부분을 반영한 것이다.

전체 물량의 30%에 대해서는 고소득 맞벌이 신혼부부도 신청이 가능하도록 소득 기준 없이 완전 추첨제를 도입했다. 대신 월평균 소득이 160%를 초과하는 경우 자산 기준을 본다. 토지나 건축물의 부동산 가액이 3억 3,100만 원 이하여야 신청이 가능하다. 전세보증금은 포함하지 않기 때문에 3억 3,100만 원 이상의 전세 또는 반전세 주택에 살고 있더라도 문제없다.

신혼부부 특별공급(민영주택)

구분	소득 기준		선별방식
	외벌이	맞벌이	
우선(70%)	도시근로자 월평균 소득 100% 이하	도시근로자 월평균 소득 120% 이하	자녀순
일반(30%)	도시근로자 월평균 소득 140% 이하	도시근로자 월평균 소득 160% 이하	

구분	소득 기준		선별방식
	외벌이	맞벌이	
우선(50%)	도시근로자 월평균 소득 100% 이하	도시근로자 월평균 소득 120% 이하	자녀순
일반(20%)	도시근로자 월평균 소득 140% 이하	도시근로자 월평균 소득 160% 이하	
추첨(30%)	소득 기준 없음		추첨제 (자녀수 X)

출처: 국토교통부 보도자료

신혼희망타운 당첨 시, 대출 시뮬레이션

신혼희망타운은 수익공유라는 특수 개념이 있다. 이를 고려하여 대출 시뮬레이션을 해보자.

예시 ①

분양가 5억 원, 주택 매도 시 10억 원, 대출 30% 실행 시 기금에 수익 공유를 최소로 할 수 있는 대출 기간은?

자녀가 없는 경우	대출 기간 14년, 수익공유 비율 20%
	기금: 매각차익(10억 원-5억 원)x수익공유 비율(20%)=1억 원
	신혼부부: 매각차익(10억 원-5억 원)-수익공유(1억 원)=4억 원 수익
자녀가 1명인 경우	대출 기간 11년, 수익공유 비율 15%
	기금: 매각차익(10억 원-5억 원)x수익공유 비율(15%)=0.75억 원
	신혼부부: 매각차익(10억 원-5억 원)-수익공유(0.75억 원)= 4.25억 원 수익
자녀가 2명인 경우	대출 기간 1년, 수익공유 비율 10%
	기금: 매각차익(10억 원-5억 원)x수익공유 비율(10%)=0.5억 원
	신혼부부: 매각차익(10억 원-5억 원)-수익공유(0.5)=4.5억 원 수익

예시 ②

분양가 5억 원, 주택 매도 시 10억 원, 대출 70% 실행 시 기금에 수익 공유를 최소로 할 수 있는 대출 기간은?

자녀가 없는 경우	대출 기간 24년, 수익공유 비율 20%, 수익은 예시1과 동일
자녀가 1명인 경우	대출 기간 21년, 수익공유 비율 15%, 수익은 예시1과 동일
자녀가 2명인 경우	대출 기간 19년, 수익공유 비율 10%, 수익은 예시1과 동일

청약 꿀팁

예시 ③

분양가 5억 원, 주택 매도 시 10억 원, 대출 기간 10년 시점에 원금 상환 시 자녀가 1명이라면 대출실행 금액별 정산 금액은?

대출 70% 실행	기금: 매각차익(10억 원–5억 원)x수익공유 비율(38%)=1.9억 원 신혼부부: 매각차익(10억 원–5억 원)-수익공유(1.9억 원)=3.1억 원 수익
대출 50% 실행	기금: 매각차익(10억 원–5억 원)x수익공유 비율(28%)=1.4억 원 신혼부부: 매각차익(10억 원–5억 원)-수익공유(1.4억 원)=3.6억 원 수익
대출 30% 실행	기금: 매각차익(10억 원–5억 원)x수익공유 비율(18%)=0.9억 원 신혼부부: 매각차익(10억 원–5억 원)-수익공유(0.9)=4.1억 원 수익

예시 ④

분양가 5억 원, 대출 만기 시점에 4.5억 원에 매도한 경우 정산 금액은?

신혼희망타운은 손실 발생 시 기금과 공유하지 않기 때문에 추가로 정산할 금액은 없다.

청약홈 무순위/잔여세대 자주 하는 질문

Q1 무순위/잔여세대 청약접수 시 청약통장이 필요한가요?

A1 필요 없습니다.

Q2 무순위/잔여세대 청약접수 시 청약신청금이 있어야 하나요?

A2 청약신청금은 없습니다.

Q3 무순위/잔여세대 주택은 1인이 여러 건 접수할 수 있나요?

A3 동일주택의 경우 1인 1건만 접수 가능합니다.

Q4 사전 예약접수 및 사후 추가접수의 당첨자 발표일이 동일한 데 각각 접수할 수 있나요?

A4 각각 1건씩 접수 가능합니다.

Q5 당첨자 발표일이 같은 계약취소 재공급주택 또는 무순위 접수는 일반 아파트와 동시에 접수가 가능한가요?

A5 당첨자 발표일이 같은 계약취소 재공급주택과 규제지역의 사후 무순위 공급의 접수는 1인이 1주택만 접수하셔야 합니다. 만약, 두 곳 모두 접수한 경우 모두 무효처리됩니다.

Q6 동일한 주택에 사전 예약접수를 하고 특별공급 또는 일반공급(1순위 또는 2순위) 접수가 가능한가요?

A6 가능합니다.

Q7 특별공급(또는 일반공급)에 당첨되었으나 계약을 하지는 않았습니다. 동일주택의 사후 추가접수 청약이 가능한가요?

A7 동일한 주택에 당첨된 자(추가입주자, 부적격당첨자 포함)는 계약여부와 상관없이 청약이 불가합니다.

Q8 무순위/잔여세대로 분양권을 취득한 경우 향후 일반공급(1순위) 청약 시 해당 분양권을 주택소유로 판정하는지요?

A8 해당주택의 청약경쟁률(일반분양기준)에 따라 주택소유 판단기준이 상이하오니, 해당 사업 주체로 문의하시기 바랍니다.

PART 04

플랜이
전부가
아니다

피눈물 나는 부적격 사례,
미리미리 대비하자

 정부의 부동산 규제 정책이 쏟아지면서 아파트 청약 제도도 복잡해졌다. 정책이 너무 자주 바뀌다 보니 평소에도 계속 부동산에 관심을 두지 않으면 당첨 이후 부적격 통보를 받는 경우도 생긴다. 엄청난 경쟁률을 뚫고 내 집 마련의 꿈을 이뤘다고 생각했는데 부적격 처리가 되면 그 충격은 상상 이상이다. 당첨이 취소뿐만 아니라 재당첨에 대한 제한도 생겨서 당분간 청약 신청도 불가능하다.

실제 부적격자 비율은?

 국토교통부에 따르면 2017~2021년 공공분양주택 일반 청약의 연평균 부적격자 비율은 14.9%에 달했다. 당첨자 100명 중 약 15명은 부적격자라는 의미다. 2021년 7월 공고한 21년 1차 공공분양주택 사전청약에서는 11.4%의 부적격자 비율을 기록했다. 사전청약의 주요 부적격 사유로는 소득·자산 요건을 충족하지 않은 경우가 48.9%로 가장 높았고, 이미 주택을 소유한 경우도 24.7%를 기록했다.

조금은 아쉬운 청약 시스템

 현재 청약 신청은 신청자가 홈페이지나 모바일 앱으로 접속해서 직접 자신의 주택 소유 여부나 소득, 자산 조건을 채우게 되어 있다. 입주자 모집공고문에서 어떤 기준으로 주택 소유 여부를 판단하는지, 소득이나 자산의 기준은 무엇인지 등에 대해 고지하고 있지만 아쉬운 점은 있다.

은행에서 대출받고 싶은 경우, 과거에는 영업점에 방문해서 관련 서류를 제출해야 했다. 이후 인터넷과 모바일의 발달로 인해 은행 영업점에 가지 않고도 대출이 가능해졌다. 대출 신청에 필요한 정보를 신청자가 직접 입력하고 관련 서류는 사진을 찍어 첨부하면 은행에서 해당 서류를 확인 후 심사했다. 현재는 대출 신청자가 재직이나 소득에 대한 서류를 첨부하지 않아도 재직, 소득 정보 조회에 동의만 하면 알아서 대출 한도와 금리를 조회할 수 있는 시대가 되었다.

주택 청약 신청 시에도 신청자의 동의를 얻은 뒤 기관에서 관련 정보를 자동으로 불러오는 형태로 시스템을 개선하면 입력을 잘못해서 부적격 되는 사례를 줄일 수 있다. 청약 당첨 후 서류 제출과 적격 여부 판정에도 상당한 시간이 걸리는데, 사전에 시스템에서 자동으로 처리해 준다면 청약 프로세스 전체가 간결해진다. 시스템 구축에는 많은 시간과 비용이 들어가는 부분이 있기에 지금은 주어진 정보를 정확하게 이해하고 청약을 신청하는데 집중하자.

다양한 부적격 사례 중 확인하고 넘어가야 하는 내용을 정리했다. 관련 법령의 개정이나 신청자의 상황에 따라 다르게 적용될 수 있으니

다음 사례는 참고 자료로 공부에 사용하고, 정확한 내용은 입주자 모집공고문을 확인하고 관련 기관, 기업에 문의하자.

신혼부부 특별공급 부적격 사례

CASE1 배우자가 결혼 전 갭투자로 아파트 1채를 보유하고 있었다. 청약을 위해 혼인신고를 미루고 있다가 자녀가 생겨 혼인신고를 하고 신혼부부 특별공급으로 당첨이 되었으나 부적격 통보를 받았다.

▶ 신혼부부 특별공급은 혼인신고일부터 입주자 모집공고일까지 무주택자 요건을 충족해야 한다. 보유한 주택이 있다면 혼인신고 전에 처분해야 한다.

CASE2 동일한 단지에 신혼부부가 둘 다 특별공급에 신청하여 모두 당첨이 되어 부적격 처리가 되었다.

▶ 주택 청약 시 동일 단지에는 부부 중 1명만 신청해야 한다. 당첨자 발표일이 다른 단지에 대해서는 부부가 각각 신혼부부 특별공급으로 청약이 가능하다. 만약 둘 다 당첨이 된다면 당첨자 발표일이 빠른 단지의 당첨을 인정하고, 나중에 당첨된 단지는 부적격 처리된다.

CASE3 해당 주택건설지역이 아닌 다른 지역에 거주하는 신청자가 해당 지역으로 청약을 신청해서 당첨이 되었으나 부적격 통보를 받았다.

▶ 오입력으로 당첨 시 부적격으로 처리되고 최대 1년간 청약 신청이 제한된다. 단, 해당 신혼부부 특별공급에서 미달이 난 경우에는 당첨으로 인정한다.

생애최초 특별공급 부적격 사례

CASE1 청약 신청자의 아버지가 신청자의 어린 시절 신청자 명의로 주택을 구매했다. 신청자는 해당 사실을 모른 상태로 생애최초 특별공급에 당첨되었으나 부적격 통보를 받았다.

▶ 생애최초 특별공급은 세대에 속한 모든 자가 과거 주택을 소유한 사실이 없어야 한다. 청약홈 사이트에서 청약자격확인〉주택소유확인 메뉴로 사전에 조회하면 된다. 대법원 등기정보 등은 연계되어 있지 않으니 법원 인터넷등기소 사이트에서 부동산 소유현황도 확인하자.

청약자격확인
본 청약 신청 전 청약자격확인을 할 수 있습니다.

♠ 〉 청약자격확인 〉 주택소유확인

□ **주택소유확인** [「주택공급에 관한 규칙」 제53조(주택소유 여부 판정기준) 참조)]

① 주택소유는 국토교통부에서 관리하는 건축물대장, 부동산거래관리시스템(RTMS 주택분) 및 행정안전부 재산세(주택)관리대장을 기준으로 정보가 제공되고 있으나 대법원 등기정보등은 연계되지 않아 실제 소유정보와는 차이가 발생할 수 있으니 조회 자료는 참고용으로 활용하시기 바랍니다.

　※ 2018. 12. 11. 「주택공급에 관한 규칙」 개정으로 다음의 경우 분양권 등을 갖고 있거나 그 보유지분도 소유하는 경우도 주택을 소유하는 것으로 봅니다.
　　1. 2018. 12. 11. 이후 입주자모집승인 신청한 주택단지의 분양권 등을 취득한 경우
　　2. 분양권 등의 실거래신고를 2018. 12. 11. 이후에 한 경우. 이 때 주택소유 및 무주택기간의 산정기준일은 다음과 같습니다. (「주택공급에 관한 규칙」 제23조제4항)
　　　· 실제 주택 소유기준일 : 건물등기사항증명서의 등기접수일과 건축물대장등본의 처리일 중 먼저 처리된 날(*건물 등기사항증명서상의 등기접수일은 인터넷등기소(www.iros.go.kr)에서 발급(열람) 및 확인 가능합니다.)

　　　· 분양권, 입주권 [상세설명]
　　　　: 분양권 등 신규계약은 부동산거래계약 신고서상 공급계약체결일
　　　　: 분양권등 매매는 부동산거래계약 신고시상 매매대금완납일
　　　　: 증여등인 경우 계약서상 명의 변경일.

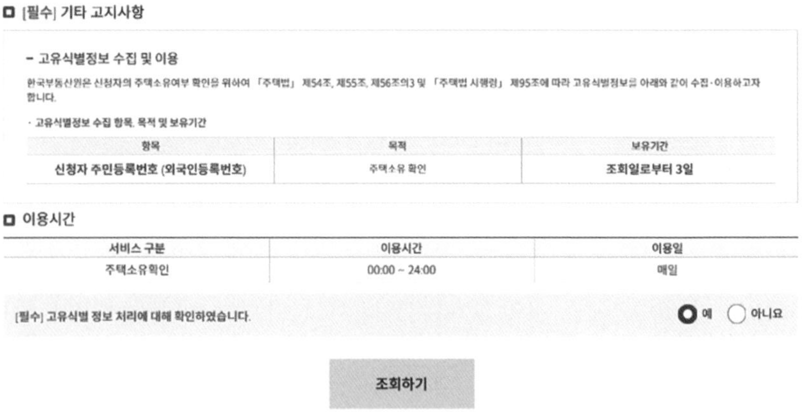

□ [필수] 기타 고지사항

― 고유식별정보 수집 및 이용
한국부동산원은 신청자의 주택소유여부 확인을 위하여 「주택법」 제54조, 제55조, 제56조의3 및 「주택법 시행령」 제95조에 따라 고유식별정보를 아래와 같이 수집·이용하고자 합니다.

· 고유식별정보 수집 항목, 목적 및 보유기간

항목	목적	보유기간
신청자 주민등록번호 (외국인등록번호)	주택소유 확인	조회일로부터 3일

□ 이용시간

서비스 구분	이용시간	이용일
주택소유확인	00:00 ~ 24:00	매일

[필수] 고유식별 정보 처리에 대해 확인하였습니다.   ● 예 ○ 아니요

조회하기

그림 4-1 부동산 보유 현황 확인

CASE2 청약 신청자가 과거 아파트 지분의 10%를 증여받았다가 현재는 정리를 한 상태에서 청약에 당첨되었으나 부적격 처리가 됐다.

▶ 구입, 상속, 증여 등 사유와 관계없이 세대원 중 한 명이라도 주택이나 분양권을 소유한 사실이 있다면 생애최초 특별공급의 대상이 아니다.

다자녀가구 특별공급 부적격 사례

CASE1 자녀가 3명이고 부모를 부양하고 있어 다자녀가구 특별공급에 신청했고, 3대가 함께 살고 있어 세대 구성 평점 요소에 '3세대 이상'을 체크하여 당첨되었으나 부모를 주민등록표등본에 등재하지 않아 부적격 통보를 받았다.

▶ 신청자와 직계존속(무주택자로 한정)은 입주자 모집공고일 현재로부터 과거 3년 이상 계속해서 동일한 주민등록표등본에 등재가 되어

있어야 인정한다. 실제 부양을 하고 있다고 해도 주민등록표등본에 등재되지 않으면 인정하지 않는다.

CASE2 자녀가 3명이라 다자녀가구 특별공급으로 당첨이 되었으나, 자녀 중 한 명이 성년이라는 이유로 부적격 처리됐다.

▶ 다자녀가구 특별공급의 자녀 수는 미성년 자녀 수를 기준으로 한다. 태아나 입양을 포함하지만 입주자 모집공고일 기준 성년이라면 해당하지 않는다.

노부모부양 특별공급 부적격 사례

CASE1 만 65세 이상 계부를 10년 이상 부양을 하여 노부모부양 특별공급으로 신청 후 당첨이 되었으나 부적격 처리가 됐다.

▶ 법률상 직계존속이 아닌 계부, 계모는 3년 이상 동일 주민등록표등본에 등재되어 있더라도 민영주택 청약 가점제의 부양가족 대상이 아니다.

CASE2 부모님의 건강 문제로 부모님의 자가 주택은 월세를 주고 신청자가 만 65세 이상 부모를 3년 이상 부양하고 있어 노부모부양 특별공급에 신청했으나 부적격 처리가 됐다.

▶ 노부모부양 특별공급에서는 피부양자나 피부양자의 배우자가 만 60세 이상이라도 주택을 소유하고 있다면 신청 대상이 아니다.

일반공급 부적격 사례

CASE1 미혼인 만 30세 신청자가 일반공급에 청약을 신청하면서 만 20세부터 무주택 기간을 계산해 10년에 해당하는 22점을 입력하여 부적격 처리가 됐다.

▶ 미혼인 경우 무주택 기간은 만 30세가 된 날부터 입주자 모집공고일까지의 기간을 계산해야 한다. 무주택 기간 항목은 1년 미만에 해당하는 2점을 선택해야 한다. 혼인신고를 했다면 혼인 신고일부터 입주자 모집공고일까지의 기간을 계산한다.

CASE2 해외 유학 중인 자녀를 부양가족 수에 포함하여 일반공급으로 당첨이 되었으나 부적격 처리가 됐다.

▶ 자녀가 실제 함께 거주하고 있는지를 판단한다. 동일 주민등록표등본에 등재가 되어 있더라도 부양가족으로 포함하지 않는다.

만 30세 미만의 미혼 자녀(직계비속)는 입주자 모집공고일을 기준으로 현재 계속해서 90일을 초과해 해외에 있는 경우에는 부양가족으로 인정되지 않는다. 단, 입주자 모집공고일을 기준으로 현재 국내에 체류하고 있는 경우, 과거에 90일을 초과해서 해외에 있더라도 부양가족으로 인정된다.

신혼희망타운 부적격 사례

CASE1 신혼희망타운 자산 조회 기간에 이사하게 되면서 집주인에게 전세보증금을 받아 입출금 통장에 보관해 두었다가 자산이 이중으로 잡혀 자산 초과로 부적격이 됐다.

▶ 기관에서는 사회보장정보원의 사회보장시스템을 통해 자산을 판단한다. 가능한 자산 조회 기간에는 큰돈이 이동하는 일이 없도록 조심해서 자산이 중복으로 잡히는 일이 없도록 해야 한다.

CASE2 오래전 상속받은 토지의 가치가 상승하여 자산 부적격 통보를 받았다.

▶ 기관에서는 사회보장정보원의 사회보장시스템을 통해 자산을 판단한다. 청약 신청 전 모든 자산을 점검해서 부적격 여부를 미리 따져봐야 한다.

CASE3 배우자 모르게 비상금을 통장에 보관해 두었다가 해당 금액이 자산으로 잡혀 부적격 통보를 받았다.

▶ 청약신청 전 금융결제원 계좌통합관리서비스를 통해 각각 계좌 잔액을 공개해서 정확한 자산 금액을 산출하는 게 중요하다. 보험 증권이나 연금보험의 해지 환급금도 자산에 포함되니 꼭 확인해야 한다.

신혼희망타운 보유 자산 계산 방법

CASE1 전세보증금 3억 원, 전세자금대출 1억 원

=3억 원-1억 원=2억 원 보유라고 판단

CASE2 전세보증금 3억 원, 건별대출 1억 원

=3억 원-1억 원=2억 원 보유라고 판단

CASE3 전세보증금 3억 원, 한도대출(마이너스통장) 1억 원

=3억 원(마이너스통장은 제외) 보유라고 판단

CASE4 전세보증금 3억 원, 차용증 작성 후 부모에게 빌린 돈 1억 원

=4억 원(금융대출만 인정, 차용증 거래나 카드론 미인정) 보유라고 판단

부적격 사례는 지역별, 단지별 그리고 신청자의 상황에 따라 다양하기 때문에 부적격 사례는 참고 자료로 활용하자. 계속 반복하는 이야기지만 입주자 모집공고문을 꼼꼼하게 살펴본다면 대부분의 의문은 해결이 된다. 힘들게 당첨되고도 부적격 판정으로 눈물을 흘리는 일이 없도록 하자.

자금 조달은
철저하게 계산하자

 부동산 가격 폭등으로 묻지마 청약이 한동안 유행했다. 자신이 감당할 수 있는 아파트인지 제대로 확인하지 않고 당첨되고 나서 생각하겠다는 무모한 전략이다. 대출이 원활하지 않는 상황에서 입주에 필요한 자금을 제때 마련하지 못하면 계약금 또는 소중한 청약 기회를 날릴 수도 있다. 입주자 모집공고문에는 분양가 납부에 대한 정보도 포함되어 있다.

계약금, 중도금, 잔금의 구조

 아파트 청약 계약금은 통상 10~20%이고 납부의 형태도 다양하다. 한 번에 계약금 20%를 요구하는 경우도 있고, 계약금을 2회로 나누어 내는 경우도 있다. 계약금 1,000만 원 정액을 내고 이후에 나머지 계약금을 납부하는 방식도 있다. 단, 계약 시 1,000만 원만 먼저 내는 형태는 해당 지역의 청약 분위기가 좋지 않을 가능성이 있다. 미분양을 방지하고 모든 공급물량에 대해 일단 계약을 완료하려는 시행사의 전략 중 하나이다.

계약금이 20%라면 보통 잔금도 20%이고, 계약금이 10%라면 잔금은 대부분 30%이다. 중도금과 잔금에 대한 납부 시기는 입주 예정일에 따라 달라진다. 입주 예정일이 빠를수록 자금 마련에 대한 압박이 커지니 유의하자.

공급금액 및 납부일정 예시 1

공급금액	계약금(20%)		중도금(60%)	
	1회	2회	1회	2회
4억 원	계약 시	2022/06	2022/10	2023/02
	4,000만 원	4,000만 원	4,000만 원	4,000만 원

중도금(60%)				잔금(20%)
3회	4회	5회	6회	
2023/06	2023/10	2024/02	2024/06	2024/10
4,000만 원	4,000만 원	4,000만 원	4,000만 원	8,000만 원

공급금액 및 납부일정 예시 2

공급금액	계약금(10%)	중도금(60%)	
	계약 시	1회	2회
4억 원		2022/10	2023/02
	4,000만 원	4,000만 원	4,000만 원

중도금(60%)				잔금(30%)
3회	4회	5회	6회	
2023/06	2023/10	2024/02	2024/06	2024/10
4,000만 원	4,000만 원	4,000만 원	4,000만 원	1억 2,000만 원

아파트 청약에 필요한 자금을 계산하기에 앞서 현재 자신의 상황을 정확하게 파악해야 한다. 내집마련디딤돌대출과 보금자리론의 가입 요건이 된다면 상대적으로 적은 자산으로 내 집 마련이 가능하다.

대출 한도가 큰 디딤돌 대출

디딤돌 대출은 주택도시기금의 개인상품 중 주택구입자금대출이다. 소득이 높아지면 대상에서 제외되기 때문에 가능한 한 빨리 기회를 잡아야 한다. 부부 합산 연 소득이 6,000만 원 이하이고 순자산가액이 4억 5,800만 원 이하인 무주택 세대주를 대상으로 하는 대출이다 (2022년 기준). 단, 생애최초 주택구입자, 2자녀 이상 가구 또는 신혼 가구는 연 소득 기준이 7,000만 원 이하이다.

금리가 연 2%~2.75%로 낮아 요건이 된다면 가장 먼저 확인해 봐야 하는 대출 상품이다. 대상 주택은 주거 전용면적이 전용 85m² (수도권을 제외한 도시가 아닌 읍 또는 면 지역은 100m²) 이하 주택이어야 하고, 주택의 평가액이 5억 원 이하여야 한다.

디딤돌대출은 DTI 60% 이내, LTV 70% 이내 조건을 적용하기 때문에 DSR을 적용하는 일반 주택담보대출보다 대출 한도가 많이 나온다. 대출 한도는 최고 2억 5,000만 원이고 신혼가구는 2억 7,000만 원, 2자녀 이상 가구는 최대 3억 1,000만 원까지 대출이 가능하다.

보금자리론 자격 확인도 필수

주택 평가액이 5억 원이 넘거나 소득 요건을 맞추지 못한 경우에는 보금자리론도 확인해보자. 신혼가구는 부부합산 연 소득이 8,500만 원 이하, 미성년 자녀가 3명 이상인 다자녀가구는 부부합산 연 소득 최대 1억 원 이하까지 자격 요건이 된다.

담보주택의 시세가 6억 원 이하이면 신청이 가능하다. 투기과열지구, 조정대상지역에 속하는 경우 기본 LTV는 60%, DTI는 50%이지만 실수요자 요건에 해당이 된다면 LTV 70%, DTI 60%를 적용받는다. 조정대상지역이 아닌 기타 일반지역은 LTV 70%, DTI 60%를 적용한다. 보금자리론의 실수요자 요건은 소득, 주택가격, 주택보유 수 조건을 충족해야 한다.

보금자리론의 실수요자 요건

요건	기준
소득	부부합산 연 소득 7,000만 원 이하
주택가격	주택가격 5억 원 이하
주택보유 수	본건을 제외한 다른 주택을 보유하고 있지 않은 무주택자(구입 용도)

출처: 한국주택금융공사 보금자리론

대출한도는 미성년 자녀가 3명인 가구는 최대 4억 원, 그 외에는 3억 6,000만 원 한도이다. 조정대상지역 여부나 실수요자 적용에 따라 대출 가능 금액이 달라지기 때문에 사전에 계산을 해봐야 한다. 대출금리는 매월 공시일에 따라 변동이 있지만 디딤돌대출보다는 높고 일반 시중은행보다는 조금 낮은 수준이다.

디딤돌대출은 보금자리론보다 금리가 저렴한 대신 대출한도가 적게 나온다. 주택 가격이 5억 원 이하이고 소득 요건이 맞는 경우 디딤돌대출로 최대 금액을 대출받고 부족한 금액을 보금자리론으로 채우는 방법도 가능하다.

신혼가구이고 실수요자 조건이 되는 사람이 5억 원의 주택을 구입한다고 가정해 보자. 신혼가구는 디딤돌 대출로 최대 2억 7,000만 원의 대출이 가능하다. 여기에 보금자리론으로 8,000만 원의 대출을 추가로 받아 총 3억 5,000만 원의 대출을 받는 계산이다.

5억 원의 주택	=	디딤돌 대출 2억 7,000만 원	보금자리론 8,000만 원	순수 자기 자본 1억 5,000만 원

전매제한과 거주의무 기간

다음으로 전매제한과 거주의무 기간의 존재 여부를 확인해야 한다. 전매제한이 있다면 해당 기간 당첨 분양권을 타인에게 양도할 수 없다. 거주의무가 있다면 특별한 사유가 없을 시 해당 주택의 최초 입주 가능일부터 거주의무 기간을 채워야 한다. 거주의무 기간은 주변 시세보다 저렴한 아파트일수록 길다고 이해하면 쉽다. 전·월세 세입자를 구할 수 없고 입주해서 살아야 한다.

공공분양 전매제한, 거주의무

기준	투기과열지구 (하남 교산, 과천 주암)		투기과열지구 외의 지역 (양주 회천)	
	전매제한	거주의무	전매제한	거주의무
분양가격이 인근지역 주택매매가격의 100% 이상	5년	–	3년	–
분양가격이 인근지역 주택매매가격의 80% 이상 100% 미만	8년	3년	6년	3년
분양가격이 인근지역 주택매매가격의 80% 미만	10년	5년	8년	5년

출처: LH 21년 사전청약 3차 지구 공공분양주택 입주자모집공고

전매 제한이 없거나 6개월 등 제한 기간이 짧은 경우, 본인이 중도금과 잔금을 마련하기 어렵다고 판단하면 분양권을 다른 사람에게 넘길 수 있다. 이때 분양권 수익(프리미엄)을 얻을 수도 있지만 잘못하면 손실이 날 가능성도 있다는 점을 유의해야 한다.

대출 가능 금액에 대한 계산이 끝났다면 그 외에 필요한 금액을 계산해야 한다. 내 집 마련을 하려면 현재 가지고 있는 자산, 잔금 납부 시점까지의 저축액, 대출 가능 금액 그리고 부모님 등 지인을 통한 증여 또는 대여를 합한 자금이 주택 가격보다 커야 한다. 주택 가격은 분양가 외에 옵션과 세금까지 포함한다.

> 현재 보유한 자산 + 잔금 납부 시까지 저축 + 대출 가능금액 + 지인 찬스 〉 주택 가격

대출 상황에 따른 청약 시뮬레이션

분양가 5억 원 아파트 청약에 당첨되었다고 가정하고 계산해 보자. 입주는 현시점에서 3년 뒤이고 편의를 위해 옵션과 세금도 분양가에 포함된 것으로 한다.

CASE 1 부동산 대출 70% 가능한 경우

5억 원의 70%에 해당하는 3억 5,000만 원의 부동산 대출이 가능하다면 당장 자금이 적어도 겁먹을 필요가 없다. 앞으로도 계속 일한다는 전제하에, 20% 수준인 1억 원이 마련되어 있다면 청약에 바로 도전해도 좋다. 부모님 등 지인 찬스를 활용할 수 있다면 보유한 자산이 조금 부족해도 가능하다. 부족한 5,000만 원은 입주까지 3년이란 시간 동안 모으면 된다.

5억 원의 주택	=	대출 3억 5,000만 원	순수 자기 자본 1억 원	3년 동안 모아야할 돈 5,000만 원

▲ 3년 동안 월 140만 원씩 저축

지인 찬스가 없는데 현재 보유한 자산이 10% 수준인 5,000만 원이라면 조금 힘들어진다. 입주까지 3년 동안 악착같이 1억 원을 모아야 내 집 마련이 가능해지기 때문이다. 이자를 고려하지 않고 계산 시 월 약 280만 원씩 모아야 3년 후 1억 원이 된다. 내 집 마련에 필요한 자금인 만큼 가상화폐나 주식 등에 투자하는 건 리스크가 크다.

5억 원의 주택	=	대출 3억 5,000만 원	순수 자기 자본 5,000만 원	3년 동안 모아야할 돈 1억 원

▲ 3년 동안 월 280만 원씩 저축

CASE 2 부동산 대출 40% 가능한 경우

대출 규제로 인해 40%에 해당하는 2억 원만 대출을 받을 수 있는 경우에는 계산을 철저하게 해야 한다. 3년 뒤 입주 시점까지 3억 원의 돈을 마련해야 하기 때문이다. 중도금 대출을 40% 받았다가 잔금 대출로 갈아탄다고 해도 결국은 60%에 해당하는 돈은 직접 마련해야 한다. 부모님 등 지인 찬스를 사용할 수 있는 경우에는 괜찮지만 청약 신청자가 60%를 다 마련하는 건 굉장히 어려운 일이다. 선 당첨 후 고민 전략을 썼다가 청약을 포기하거나 계약금을 날리는 불상사도 발생할 수 있다.

5억 원을 기준으로 한다면 40%에 해당하는 2억 원 정도는 있어야 한다. 계약금과 중도금으로 40%를 납부하고 중도금 대출을 40% 받은 뒤 3년 동안 20%에 해당하는 1억 원을 모으는 전략이다.

5억 원의 주택	=	대출 2억 원	순수 자기 자본 2억 원	3년 동안 모아야할 돈 1억 원

▲ 3년 동안 월 280만 원씩 저축

3년 동안 얼마나 많은 돈을 모을 수 있는지에 따라 현재 자금 비율은 달라진다. 부부가 맞벌이로 세후 1억 원의 소득을 올리고 그중 70% 이상을 저축하는 특수한 경우에는 지금 가진 돈이 부족하더라도 가능성이 있겠지만, 평범한 사람들에게는 꿈만 같은 이야기다.

청약에 당첨되고도 자금이 부족해 기회를 날리는 일이 없게 하려면 결국 목돈이 있어야 한다. 여기서 말하는 목돈은 개인마다 다르다. 관심 있게 보고 있는 지역의 분양가를 기준으로 자신에게 필요한 목돈을 계산한 뒤 그 돈을 모으기 위해 고통스럽더라도 선 저축, 후 소비하는 습관을 들여야 한다. 소비하고 남은 돈을 저축하는 방법으로는 목표한 기간에 돈을 모으기 어렵다. 만약 2달 뒤에 불가피한 소비가 예정되어 있다면 이번 달과 다음 달에 그만큼 돈을 덜 쓰겠다는 생각을 해야 한다. 아니면 부업을 해서라도 저축액을 채워 놓아야 한다.

목돈을 모으는 과정은 자신에게 맞는 어떤 방법이든 좋다. 안전한 예·적금도 상관없고, 공격적으로 주식과 가상화폐 투자를 해도 좋다. 단, 고위험 고수익 투자를 한다면 충분한 공부를 하고 접근해야 한다. 계속된 손실로 원금을 까먹으면 목돈을 모으기 위한 시간이 길어진다. 시간이 길어질수록 더 초조한 마음에 더욱 위험한 선택을 하게 되는 일도 많다.

신중하게 결정해야 하는 아파트 옵션

아파트 청약에 당첨되었다면 다음은 옵션을 어느 정도로 넣을지 고민해야 한다. 신청자가 직접 거주할지 아니면 세입자를 구할지에 따라 큰 차이가 있다. 실거주하는 경우에도 옵션은 자금과도 직결되는 문제이기 때문에 가용한 범위 내에서 합리적으로 판단해야 한다. 분양가를 낮추기 위해 과거에는 기본으로 제공하던 품목도 유상 옵션으로 들어가 있는 경우가 많다.

전월세를 줄 경우의 아파트 옵션

세입자를 구할 예정이라면 옵션은 최소로 하는 게 좋다. 발코니 확장 옵션을 제외한 다른 항목은 고려하지 않아도 된다. 빌트인 냉장고, 김치냉장고, 인덕션, 전기오븐 등 빌트인 가전 항목은 결국은 소모품이기 때문에 풀 옵션으로 비싼 월세를 받고 싶은 경우를 제외하면 오히려 관리하기가 번거롭다. 빌트인 가구도 마찬가지다. 붙박이장이나 거실 아트월, 팬트리, 화장대, 아일랜드장 등도 하지 않아도 된다.

유상 옵션을 많이 넣는다고 전세 보증금이 투자한 금액 이상의 가치를 보장하지 않는다. 발코니 확장 옵션은 필수인지 선택인지 먼저 확인해 보자. 최근에는 발코니 확장 옵션이 필수인 경우가 대다수다. 건설사에서 처음 설계할 때부터 확장을 전제로 하는 경우가 많다. 발코니 확장이 선택인 경우에는 옵션 가격을 보고 합리적인 선이라면 해도 좋다. 추후 아파트를 팔 때 그 가치를 인정받을 수 있기 때문이다. 단, 건설사에서 발코니 확장 비용을 지나치게 책정한 경우에는 하지 않아도 된다.

직접 거주할 경우의 아파트 옵션

신청자가 들어가서 살 예정이라면 발코니 확장과 시스템 에어컨까지는 고려하자. 발코니 확장이 필수인 경우에는 방법이 없지만 선택이라면 고민의 여지가 있다. 나중에 별도의 인테리어 공사를 하기에는 번거롭기 때문에 지나친 가격이 아니라면 발코니 확장은 해도 좋다. 시스템 에어컨도 요즘에는 다양한 옵션이 존재한다. 방이 3개인 전용 59m² 아파트를 예로 들면 거실+안방 옵션과 거실+방3 옵션 등으로 구성되어 있다. 방을 쓰는 용도에 따라 설치하면 된다. 부부와 자녀들이 각자 모든 방을 주기적으로 사용한다면 모든 방에 설치해도 되지만 비용이 만만치 않다. 시스템 에어컨을 많이 설치했다고 나중에 아파트를 팔 때 그만큼 돈을 더 받는다는 보장이 없기 때문에 적절한 선택이 필요하다. 부부가 직장에 다니고 자녀도 학교와 학원에 다니는 일반적인 가정이면 시스템 에어컨 2대도 괜찮다.

당장 유상 옵션을 선택하지 않아도 입주 전에 가전, 가구, 인테리어 관련한 공동구매 기회가 있다. 예비 입주민을 위한 박람회가 열리기도

하고 인근 가전 대리점 등에서 특별 할인 혜택을 주기도 한다. 박람회나 할인 기회를 잘 이용하면 유상 옵션보다 더 저렴하게 내 집을 꾸밀수 있다. 아파트 유상 옵션은 실거주인지 세입자를 받을 예정인지에따라 결정하면 된다. 유상 옵션을 많이 넣으면 입주할 때 고려할 사항이 줄어들기는 하지만 취득세가 비싸지는 단점이 있기 때문에 유의해야 한다.

숨겨진 옵션 꿀팁, 마이너스 옵션

 신혼희망타운 당첨자 중에서는 수익 공유를 피하기 위해 마이너스 옵션으로 계약하기도 한다. 신혼희망타운은 총자산가액(2022년 기준 3억 4,100만 원)을 초과하는 주택의 입주자로 선정되면 무조건 전용 대출 상품에 가입해야 하기 때문이다. 마이너스 옵션을 선택하면 추후 하자가 발생했을 때의 책임을 당첨자가 져야 할 수 있으니 자신에게 유리한 방향이 어느 쪽인지 잘 판단해야 한다.

아파트 청약 취득세
야무지게 계산하자

아파트 분양가만 보고 청약에 도전했다가 예상치 못한 추가 비용 때문에 어려움을 겪는 경우가 있다. 공급 가격 외에도 유상 옵션, 등기 비용 등을 고려해야 하고, 취득세도 준비해야 한다. 취득세는 과세 대상인 물건을 취득한 자에게 부과하는 세금이다. 주택을 기준으로 1주택자는 취득자가 신고한 취득 당시의 가액을 본다. 6억 원 이하면 1%이지만 9억 원을 초과하는 경우 3%의 취득세를 내야 한다.

주택 보유 수에 따른 취득세

구분	조정지역	비조정지역
1주택	6억 원 이하: 1% 6억 원 초과 9억 원 이하: 1~3% 9억 원 초과: 3%	
2주택	8%(일시적 2주택 제외)	1~3%
3주택	12%	8%
법인·4주택 ~	12%	12%

출처: 위택스(www.wetax.go.kr)

생애최초 주택을 마련한 경우에는 주택 면적, 연령과 혼인 여부 상관 없이 취득세 감면 혜택이 있다(~2023년 12월 31일까지). 취득세 감면 주택의 범위는 주택법 제2조 제1호에 따른 단독주택이나 공동주택이고, 오피스텔은 해당하지 않는다. 공동주택은 아파트, 다세대, 연립주택 등이 해당한다. 주택을 취득한 사람과 그 배우자의 소득이 7,000만 원 이하이고 1억 5,000만 원 이하의 주택을 취득한 경우에는 취득세 전액이 면제된다. 1억 5,000만 원 초과 3억 원(수도권 4억 원) 이하의 주택은 50% 감면 혜택이 있다. 분양가가 3억 원 후반인 경우 취득세 감면을 받고 싶다면 4억 원이 넘지 않도록 유상 옵션을 조정하는 방법도 추천한다.

취득세 감면 혜택을 받은 사람은 취득일로부터 90일 이내에 전입신고를 하고 실거주해야 한다. 또한, 취득일로부터 3개월 이내에 주택을 추가로 취득하거나, 실제 거주한 기간이 3년 미만인 상황에서 주택을 처분하거나 임대한 경우에는 감면받은 세금을 추징당할 수 있다는 점을 조심해야 한다.

취득세는 위택스 홈페이지 '지방세정보 〉 지방세 미리계산' 메뉴를 통해 사전 확인이 가능하다.

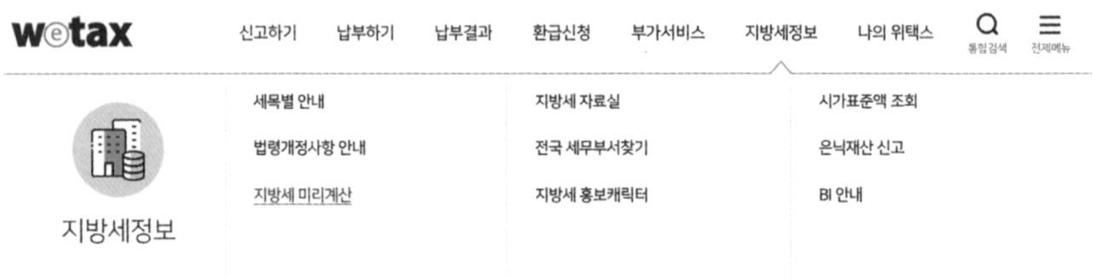

wetax	신고하기	납부하기	납부결과	환급신청	부가서비스	지방세정보	나의 위택스	통합검색	전체메뉴

지방세정보	세목별 안내	지방세 자료실	시가표준액 조회
	법령개정사항 안내	전국 세무부서찾기	온닉재산 신고
	지방세 미리계산	지방세 홍보캐릭터	BI 안내

그림 4-2 위택스

과세표준액(매매가), 거래유형, 조정대상지역 여부 그리고 취득주택 포함 주택 수 항목을 선택한 뒤 세액미리계산하기 버튼을 클릭한다.

그림 4-3 취득세 계산(1)

취득세 항목 말고 농어촌특별세와 지방교육세를 합쳐 총 14,259,000 원의 납부세액이 계산됐다. 취득한 주택의 가격, 조정대상지역 여부 그리고 주택의 면적에 따라 농어촌특별세와 지방교육세가 부과된다.

취득세 정보

세목/세액	본세	무신고가산세	납부불성실가산세	세액합계액
취득세	11,690,000 원	0 원	0 원	11,690,000 원
농어촌특별세	1,400,000 원	0 원	0 원	1,400,000 원
감면농어촌특별세	0 원	0 원	0 원	0 원
지방교육세	1,169,000 원	0 원	0 원	1,169,000 원
세액합계액	14,259,000 원	0 원	0 원	14,259,000 원

총납부세액 __14,259,000 원__

그림 4-4 취득세 계산(2)

아파트 청약 당첨으로 처음 주택을 취득한 1주택자의 총 납부세액 계산 기준이다. 1주택자는 조정대상, 비조정대상 지역 모두 동일한 세율을 적용한다. 1주택자는 취득한 주택의 전용 면적이 85m²를 초과하면

0.2%의 농어촌특별세를 내야 한다. 지방교육세는 취득세율의 10분의 1이다.

취득가액에 따른 취득세율

취득가액	취득세율	농어촌특별세 (전용면적 85m² 초과 시)	지방교육세
6억 이하	1%		0.1%
6억 초과 9억 이하	1~3% (취득가액x2÷3억 원-3)	0.2%	취득세의 1/10
9억 초과	3%		0.3%

출처: 서울시 ETAX

아파트 청약에 당첨되면 취득세 감면 조건에 해당하는지 먼저 확인해 보고 취득세까지 자금 계획에 포함하여 준비하자.

사전청약과 본청약
비교하여 따져보자

  사전청약 제도는 분양 주택의 공급 시기를 앞당겨서 공급하는 제도이다. 무주택 실수요자의 내 집 마련 기회를 앞당겨서 제공하고 주택 대기 수요를 해소하기 위한 목적으로 시행하고 있다. 일반적으로 아파트 청약은 입주 2~3년 전에 시행하지만 부동산 영끌과 패닉바잉 등의 문제를 해결하기 위해 본청약보다 약 1~3년 빠르게 사전청약을 하고 있다. 사전청약 당첨자는 청약 포기나 부적격 등 특별한 사유가 없다면 본 청약의 당첨자 자격이 인정된다. 사전청약 당첨 후 적격판정을 받았다면 소득이나 자산 요건을 초과하더라도 괜찮다.

사전청약은 공공과 민간 2종류로 나뉜다. 공공 사전청약은 3기 신도시 등 공공택지에 정부기관이 공급하는 공공분양 주택을 말한다. 민간 사전청약은 민간 건설사가 공공택지를 매입해서 공급하는 형태를 의미한다. 공공 사전청약과 민간 사전청약의 가장 큰 차이는 당첨 후 다른 청약에 신청할 수 있는지이다. 공공 사전청약 당첨자는 다른 공공이나 민간 사전청약에 신청할 수는 없지만, 다른 일반 청약에는 신청이 가능하다. 반면 민간 사전청약은 청약 통장을 사용한 것으로 분류하여 다른 사전청약과 일반 청약 모두 신청이 안 되기 때문에 신중하게 판단해야 한다. 다른 청약에 도전하고 싶다면 민간 사전청약 당첨 자격을 포기해야 한다.

사전청약 당첨 후 제한사항

구분	공공 사전청약	민간 사전청약
다른 청약제한	공공·민간 사전청약 제한	공공·민간 사전청약 및 일반 청약 제한
사전 당첨 지위 포기 시 제한	일정기간 공공 사전청약 제한	제한 없음
부적격 당첨 취소자	일정기간 공공 사전청약 제한	일정기간 민간 사전청약 및 일반청약 제한
재당첨 제한	본 청약 당첨일 발표부터 재당첨 제한 등 각종 제한 적용	

출처: 청약홈

공공 사전청약은 2021년 7월 1차 지구 입주자 모집을 시작으로 2022년 3월까지 6차례의 공고가 나왔다. 민간 사전청약은 2021년 11월 1차 모집을 시작으로 2022년 3월까지 6차례의 공고를 냈다.

사전청약 시 주의할 점

사전에 청약 당첨자 신분이 되어 내 집 마련을 예약해두는 건 장점이 지만 넘어야 할 산이 많다. 3기 신도시 대상 지역 중에는 토지 보상 절차가 끝나지 않은 곳들이 있다. 토지에 대한 보상 절차가 모두 끝난 지역에 사전청약을 진행한 것이 아니기 때문에 일정이 지연될 가능성이 있다. 입주자 모집공고문을 보면 본청약 날짜와 입주 예정일이 적혀 있지만 해당 토지에서 문화재가 발굴되는 등 여러 문제가 발생 시 입주가 늦어질 수 있다.

사전청약 입주자 모집공고문에서 제시한 분양가는 추정 분양가이다. 실제 분양가는 본 청약 시점에 확정된다. 본 청약 시점에 분양가가 오를 가능성에 대비하여 자금 계획을 세워야 한다.

그럼에도 자격이 된다면 사전청약에 도전하는 게 이득이다. 공공 사전청약은 당첨 후에도 더 좋은 조건의 본청약이 나온다면 갈아탈 수 있다. 공공 사전청약을 보험으로 두고 입주 시기가 더 빠르거나 좋은 입지의 단지에 도전하면 된다. 공공 사전청약 당첨자가 다른 일반 청약에 당첨되면 사전청약 당첨은 취소된다. 민간 사전청약도 사전 당첨자 지위를 포기하면 다른 청약이 가능하기 때문에 일단 당첨되는 게 중요하다. 2022년에도 공공·민간 사전청약이 계속 예정되어 있으니 내 집 마련에 한 걸음 더 다가가길 바란다.

사전청약 거주기간 제대로 파악하기

사전청약 거주기간은 사전청약 입주자모집 공고일을 기준으로 역산하여 특정 지역에 계속 거주하고 있는 기간이다. 지역별로 지자체가 정하는 거주기간이 다르다는 점을 꼭 유의하자.

거주요건 판단기준

사천청약 입주자모집 공고일을 기준으로 거주기간을 충족할 경우, 사전청약 신청이 가능하다. 또한 해당 주택건설지역에 거주 중이면 사전청약 입주자모집 공고일 기준으로 현재 거주기간을 미충족해도 신청이 가능하다.

단, 거주기간 요건 미충족 시 사전청약 모집공고 이후, 본청약 시점까지 계속 거주하여 거주기간을 반드시 충족해야 한다.

사례로 보는 거주기간 판단

CASE1

사전청약 모집공고일 이전에 이미 거주조건을 충족했기 때문에 이후에 타지역에 거주해도 된다.

CASE2

2년 동안 거주했지만, 사전청약 모집공고일에 거주하지 않았으므로 거주기간을 충족하지 못했다.

CASE3

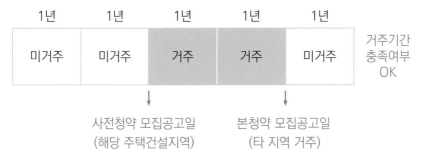

사전청약 모집공고일에 거주하고 있고 본청약 모집공고일까지도 거주했기 때문에 거주기간을 충족한다.

CASE4

사전청약 모집공고일에 전후로 거주했기 때문에 거주기간을 충족한다. 사전청약 모집공고일 기준으로 해당 주택건설지역에 거주 중이나, 거주기간 요건 미충족 시 해당 주택건설지역 전입일 이후부터 본청약 모집공고일 이전에 거주기간을 충족해야 한다.

CASE5

2년 동안 거주했지만, 사전청약 모집공고일에 거주하지 않았으므로 거주기간을 충족하지 못했다.

CASE6

2년 동안 거주했지만, 연속으로 거주하지 않았으므로 거주기간을 충족하지 못했다.

PART 05

2021~2022
청약 경쟁률
부록

2021.7 ~ 2022.3
공공분양 사전청약

청약 지역 분석에 대한 시간을 줄이기 위해 2021년 첫 공공분양 사전 청약부터 2022년 집필 시점까지의 사전청약 경쟁률을 정리했다. 과거의 경쟁률과 현재 상황이 완전히 일치하지는 않지만, 참고 자료의 가치는 충분하다.

2021년 8월 3일에 결과를 발표한 21년 1차 사전청약에는 3,955호 공급에 4만 명이 신청했다. 그중 공공분양의 특별공급은 15.7대1, 신혼희망타운 당해지역은 4.5대1의 경쟁률을 기록했다.

2021년 1차 사전청약 공공분양 교통망도

그림 5-1 인천 계양 A2

그림 5-2 남양주 진접2 A1, 남양주 진접2 B1

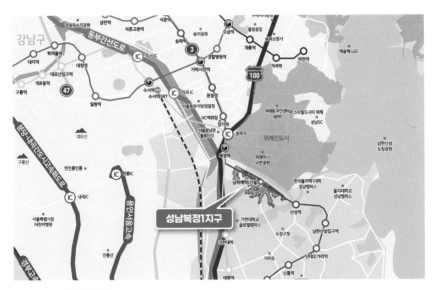

그림 5-3 성남 복정1A1

2021년 1차 사전청약 공공분양(특별공급) 경쟁률 현황

구분	지구	블록	타입	신청	배정	경쟁률
공공분양 (특별공급)	합계			31,540	2,010	15.7
	인천 계양	계		15,421	599	25.7
		A2	59	4,768	436	10.9
			74	5,857	143	41.0
			84	4,796	20	239.8
	남양주 진접2	계		6,455	922	7.0
		A1	계	2,269	739	3.1
			51	264	289	0.9
			59	2,005	450	4.5

구분	지구	블록	타입	신청	배정	경쟁률
공공분양 (특별공급)	남양주 진접2	B1	계	4,186	183	22.9
			74	1,907	147	13.0
			84	2,279	36	63.3
	성남 복정1 * 당해 100%	계		9,664	489	19.8
		A1	51	1,106	145	7.6
			59	8,558	344	24.9

출처: 국토교통부

인천 계양 공공분양(특별공급) 84 타입의 경우 240대 1의 경쟁률로 가장 치열했고 전체적으로 평형이 클수록 경쟁률이 높은 경향을 보인다. 남양주 진접2의 A1 51 타입은 289세대 모집에 264세대가 신청하여 미달을 기록했다. 관심 지역인 성남 복정1의 경우 51, 59 타입만 있었음에도 19.8대1의 상당한 경쟁률을 기록했다. 다자녀가구, 신혼부부, 노부모부양, 생애최초 등 공급별 상세 경쟁률은 사전청약 사이트에서 확인이 가능하다(URL: 사전청약.kr/board/noticeView.do?BD_SEQ=59).

2021년 1차 사전청약 신혼희망타운 교통망도

그림 5-4 인천 계양 A3

그림 5-5 남양주 진접2 A3, A4

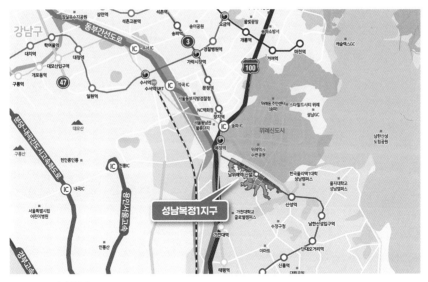

그림 5-6 성남 복정1A2, A3

그림 5-7 의왕 청계2 A1

그림 5-8 위례A2-7

2021년 1차 사전청약 신혼희망타운 당해지역 경쟁률 현황

구분	지구	블록	타입	신청	배정	경쟁률 (실질)
신혼희망타운	합계			8,788	1,945	4.5
	인천 계양	A3	55	2,619	341	7.7(15.4)
	남양주 진접2	계		571	439	1.3(4.3)
		A3	55	172	197	0.9(2.9)
		A4	55	399	242	1.7(5.5)
	성남 복정1 * 당해 100%	계		3,333	443	7.5
		A2	계	1,922	244	7.9
			46	242	51	4.8
			55	1,680	193	8.7
		A3	55	1,411	199	7.1

구분	지구	블록	타입	신청	배정	경쟁률 (실질)
신혼희망타운	의왕 청계2 * 당해 100%	A1	55	1,093	304	3.6
	위례	A2-7	55	1,172	418	2.8(9.3)

출처: 사전청약.kr

신혼희망타운 당해지역 청약은 전체적으로 특별공급에 비해 낮은 경쟁률을 기록했다. 관심 지역인 위례도 418세대 모집에 1,172세대가 신청하여 2.8대 1의 경쟁률을 보였다. 다만, 위례지구는 당해 비율이 30%이기 때문에 실질 경쟁률은 9.3대 1로 보는 게 더 적합하다. 인천 계양지구는 당해 비율 50%를 적용하면 15.4대 1수준의 경쟁률을 보인다. 경쟁률의 계산 방식에 대해 민원이 생기자 2차 사전청약부터는 당해 100%가 아닌 경우 경쟁률 항목에 '수도권 접수 예정'이라는 표기를 사용했다. 당해지역 거주자에게 100%를 공급하는 성남 복정1과 의왕 청계2도 각각 7.5대 1과 3.6대 1의 경쟁률을 기록했다.

2021년 8월 12일에 발표한 1차 사전청약 최종 집계 결과 총 9.3만 명이 신청했다. 공공분양의 경우 일반공급이 특별공급보다 전체적으로 더 높은 경쟁률을 기록했다.

2021년 1차 사전청약 공공분양(일반공급) 경쟁률 현황

구분	지구	블록	타입	신청	배정	경쟁률
공공분양 (일반공급 1순위)	합계			35,589	403	88.3
	인천 계양	계		21,834	110	198.5
		A2	59	8,946	76	117.7
			74	7,014	26	269.8
			84	5,874	8	734.3
	남양주 진접2	계		9,472	199	47.6
		A1	계	4,415	159	27.8
			51	1,033	77	13.4
			59	3,382	82	41.2
		B1	계	5,057	40	126.4
			74	2,283	31	73.7
			84	2,774	9	308.2
	성남 복정1 * 당해 100%	계		4,283	94	45.6
		A1	51	853	29	29.4
			59	3,430	65	52.8

출처: 사전청약.kr

2021년 1차 사전청약 신혼희망타운 최종 경쟁률 현황

구분	지구	블록	타입	신청	배정	경쟁률
신혼희망타운	합계			26,669	1,945	13.7
	인천 계양	A3	55	4,376	341	12.8
	남양주 진접2	계		1,699	439	3.9
		A3	55	531	197	2.7
		A4	55	1,168	242	4.8

구분	지구	블록	타입	신청	배정	경쟁률
신혼희망타운	성남 복정1 * 당해 100%	계		3,333	443	7.5
		A2	계	1,922	244	7.9
			46	242	51	4.8
			55	1,680	193	8.7
		A3	55	1,411	199	7.1
	의왕 청계2 * 당해 100%	A1	55	1,093	304	3.6
	위례	A2-7	55	16,168	418	38.7

출처: 국토교통부

신혼희망타운은 당해 100%인 성남 복정1, 의왕 청계2를 제외한 나머지 지구에 대해 진행했다. 당해지역의 중요성은 위례지구의 결과를 보면 알 수 있다. 위례지구 당해지역은 2.8대 1의 경쟁률을 기록했지만 다른 지역의 신청자를 포함한 최종 경쟁률은 38.7대 1을 기록했다.

2021년 10월 29일에 결과를 발표한 21년 2차 사전청약에는 약 9천 호 공급에 5.1만 명이 신청했다. 그중 공공분양의 특별공급은 8.3대1, 신혼희망타운 당해지역은 2.3대1의 경쟁률을 기록했다.

2021년 2차 사전청약 공공분양 교통망도

그림 5-9 남양주 왕숙2 A1, A3

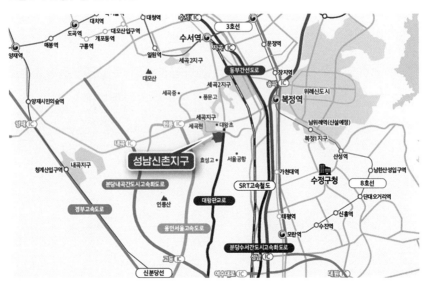

그림 5-10 성남 신촌 A2

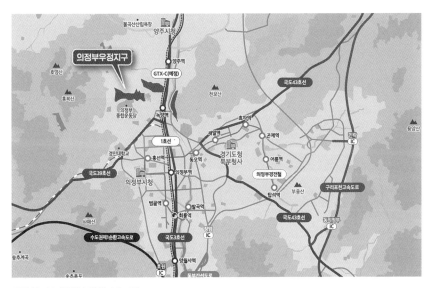

그림 5-11 의정부 우정 A1, A2

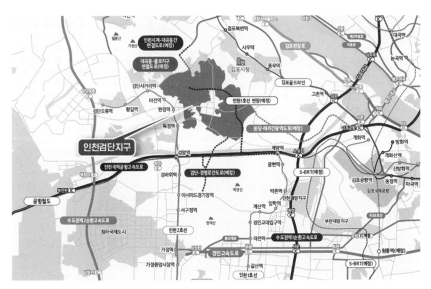

그림 5-12 인천 검단 A21

그림 5-13 파주 운정3 A20, 22, 23

2021년 2차 사전청약 공공분양(특별공급) 경쟁률 현황

구분	지구	블록	타입	신청	배정	경쟁률
	합계			41,857	5,041	8.3
공공분양 (특별공급)	남양주 왕숙2	계		21,869	1,187	18.4
		A1	59	4,314	427	10.1
			74	584	41	14.2
			84	5,195	174	29.9
		A3	59	2,852	308	9.3
			74	1,733	77	22.5
			84	7,191	160	44.9
	의정부 우정 * 당해 100%	계		701	800	0.9
		A1	59	236	432	0.5
		A2	59	465	368	1.3

구분	지구	블록	타입	신청	배정	경쟁률
공공분양 (특별공급)	인천 검단	계		5,224	982	5.3
		AA	74	1,467	353	4.2
		21	84	3,757	629	6.0
	파주 운정3	계		9,134	1,814	5.0
		A20	74	347	119	2.9
			84	1,247	370	3.4
		A22	74	326	122	2.7
			84	1,714	391	4.4
		A23	59	1,215	293	4.1
			74	893	230	3.9
			84	3,392	289	11.7
	성남 신촌 * 당해 100%	A2	59	4,929	258	19.1

출처: 국토교통부

남양주 왕숙2지구는 전체 18.4대 1의 경쟁률을 보였고, 그중에서도 '국평(국민 평수)' 전용 84m² 타입의 경쟁률이 A1 블록은 29.9대 1, A3블록은 44.9대 1로 가장 높게 나타났다. 관심 지역인 성남 신촌지구는 전용 59m²만 공급을 했음에도 19.1대 1의 높은 경쟁률을 기록했다. 다자녀가구, 신혼부부, 노부모부양, 생애최초 등 공급 별 상세 경쟁률은 사전청약 사이트에서 확인이 가능하다(URL: 사전청약.kr/board/noticeView.do?BD_SEQ=70).

2021년 2차 사전청약 신혼희망타운 교통망도

그림 5-14 성남 낙생 A1

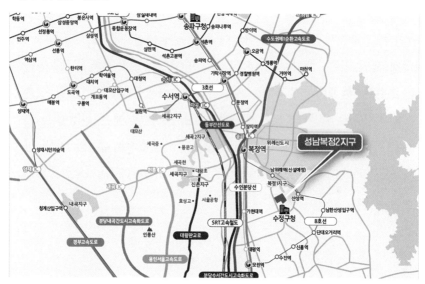

그림 5-15 성남 복정2 A1

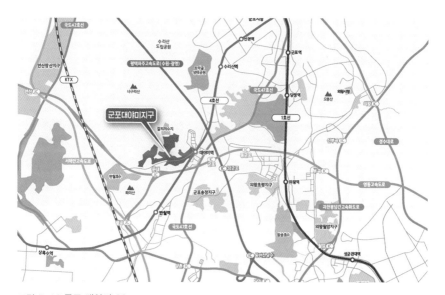

그림 5-16 군포 대야미 A2

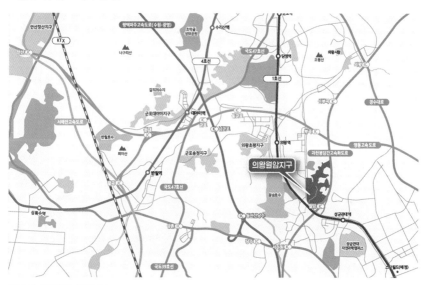

그림 5-17 의왕 월암 A1

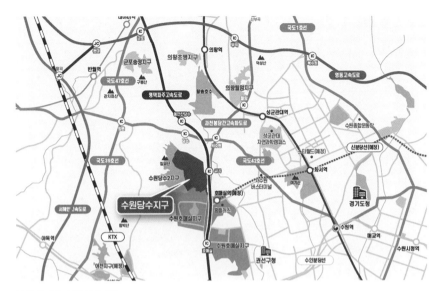

그림 5-18 수원 당수 A5

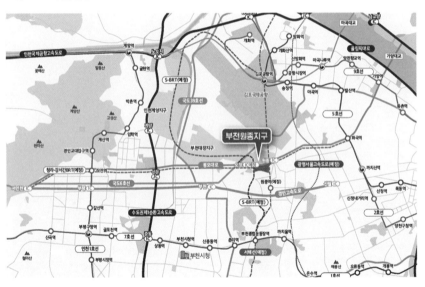

그림 5-19 부천 원종 B2

2021년 2차 사전청약 신혼희망타운 당해지역 경쟁률 현황

구분	지구	블록	타입	신청	배정	경쟁률
신혼희망타운	합계			9,498	4,126	2.3
	성남 복정2 * 당해 100%	계		2,390	632	3.8
		A1	55	2,056	577	3.6
			56T	334	55	6.1
	부천 원종 * 당해 100%	계		1,268	374	3.4
		B2	46	79	76	1.0
			55	1,189	298	4.0
	군포 대야미 * 당해 100%	계		1,792	952	1.9
		A2	55	1,592	899	1.8
			59(복층)	200	53	3.8
	성남 낙생 * 당해 100%	계		2,394	884	2.7
		A1	51	325	223	1.5
			55	952	441	2.2
			59	992	211	4.7
			59T	125	9	13.9
	수원 당수	계		1,108	459	수도권 접수 예정
		A5	46	49	87	수도권 접수 예정
			55	1,059	372	수도권 접수 예정

구분	지구	블록	타입	신청	배정	경쟁률
신혼희망타운	의왕 월암 * 당해 100%	계		546	825	수도권 접수 예정
		A1	55	306	423	수도권 접수 예정
		A3	55	240	402	수도권 접수 예정

출처: 국토교통부

신혼희망타운은 수원 당수지구를 제외하고는 모두 당해지역 100% 우선 공급으로 진행됐다. 당해지역 우선공급 중 의왕 월암을 제외한 성남 복정2, 부천 원종, 군포 대야미, 성남 낙생지구는 접수가 마감되었다. 당해지역 미달을 기록한 의왕 월암지구는 수도권 접수를 통해 추가로 신청받는다.

성남 낙생지구 전용 59m²(테라스형)이 13.9대 1의 가장 높은 경쟁률을 기록했다. 당해 지역 신청이 가능한 경우 평수에 대한 눈높이를 조금 낮추면 당첨 가능성이 커짐을 알 수 있다.

2021년 11월 8일에 발표한 2차 사전청약 최종 집계 결과 약 10만 명이 신청했다. 3기 신도시 남양주 왕숙2에만 공공분양 1,412호에 4.8만 명이 몰리며 높은 경쟁률을 기록했다.

2021년 2차 사전청약 공공분양(일반공급) 경쟁률 현황

구분	지구	블록	타입	신청	배정	경쟁률
공공분양 (일반공급 1순위)	합계			47,757	1,131	42.2
	남양주 왕숙2	계		26,456	225	117.6
		A1	59	5,380	77	69.9
			74	928	9	103.1
			84	5,910	34	173.8
		A3	59	3,726	58	64.2
			74	2,270	17	133.5
			84	8,242	30	274.7
	의정부 우정 * 당해 100%	계		530	346	1.5
		A1	59	378	275	1.4
		A2	59	152	71	2.1
	인천 검단	계		6,253	179	34.9
		AA21	74	2,130	66	32.3
			84	4,123	113	36.5
	파주 운정3	계		12,167	335	36.3
		A20	74	688	22	31.3
			84	1,370	69	19.9
		A22	74	773	25	30.9
			84	1,566	71	22.1
		A23	59	2,361	54	43.7
			74	1,491	42	35.5
			84	3,918	52	75.4
	성남 신촌 * 당해 100%	A2	59	2,351	46	51.1

출처: 사전청약.kr

2021년 2차 사전청약 신혼희망타운 최종 경쟁률 현황

구분	지구	블록	타입	신청	배정	경쟁률
신혼희망타운	수원 당수	계		2,477	459	5.4
		A5	46	124	87	1.4
			55	2,353	372	6.3
	의왕 월암 * 당해 100%	계		1,593	825	1.9
		A1	55	912	423	2.2
		A3	55	681	402	1.7

출처: 국토교통부

당해 지역에서 접수가 마감된 성남 복정2, 부천 원종, 군포 대야미, 성남 낙생지구를 제외한 2개 지구에 대한 최종 경쟁률이다. 수도권 거주자까지 공급한 수원 당수지구는 5.4대 1의 경쟁률을 보였고, 당해지역에서 미달을 기록한 의왕 월암지구는 추가 모집을 통해 최종 1.9대 1의 경쟁률로 마감했다.

2021년 12월 3일에 결과를 발표한 21년 3차 사전청약에는 3,855호 공급에 29,430명이 신청했다. 그중 공공분양의 특별공급은 16.7대1, 신혼희망타운 당해지역은 대부분 미달을 기록하여 수도권 접수로 넘어갔다.

2021년 3차 사전청약 공공분양 교통망도

그림 5-20 하남 교산 A2

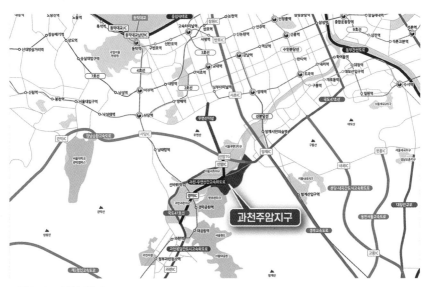

그림 5-21 과천 주암 C1

그림 5-22 양주 회천 A24

2021년 3차 사전청약 공공분양(특별공급) 경쟁률 현황

구분	지구	블록	타입	신청	배정	경쟁률
	합계			28,133	1,683	16.7
공공분양 (특별공급)	하남 교산	계		24,795	890	27.9
		A2	51	1,851	257	7.2
			55	196	19	10.3
			58	262	17	15.4
			59	22,486	597	37.7
	과천 주암 * 당해 100%	C1	84	2,742	94	29.2
	양주 회천	A24	59	596	699	0.9

출처: 국토교통부

관심 지역인 하남 교산지구가 전체 27.9대 1의 경쟁률을 기록했고, 그 중에서도 전용 59m² 타입은 가장 높은 37.7대 1의 경쟁률을 보였다. 또 다른 관심 지역인 과천 주암지구는 3차 사전청약 중 유일하게 전용 84m² 타입을 공급하여 29.2대 1의 높은 경쟁률을 기록했다. 과천 주암지구는 당해 100% 공급임에도 상당히 높은 관심이 집중되었음을 알 수 있다.

다자녀가구, 신혼부부, 노부모부양, 생애최초 등 공급 별 상세 경쟁률은 사전청약 사이트에서 확인이 가능하다(URL: 사전청약.kr/board/noticeView.do?BD_SEQ=82)

2021년 3차 사전청약 신혼희망타운 교통망도

그림 5-23 과천 주암 C1, C2

그림 5-24 시흥 하중 A1, A4

2021년 3차 사전청약 신혼희망타운 당해지역 경쟁률 현황

구분	지구	블록	타입	신청	배정	경쟁률
신혼희망타운	과천 주암 * 당해 100%		계	730	1,421	수도권 접수 예정
		C1	계	448	770	수도권 접수 예정
			46	14	188	수도권 접수 예정
			55	434	582	수도권 접수 예정
		C2	계	282	651	수도권 접수 예정
			46	1	29	수도권 접수 예정
			55	281	622	수도권 접수 예정
	시흥 하중 * 당해 100%		계	567	751	수도권 접수 예정
		A1	55	203	383	수도권 접수 예정
		A3	계	364	368	수도권 접수 예정
			55	335	317	1.1
			56(복층)	29	51	수도권 접수 예정

출처: 국토교통부

신혼희망타운 당해지역 청약은 시흥 하중지구 A3 블록 55 타입을 제외하고 모두 미달을 기록했다. 과천 주암지구는 주택공급에 관한 규칙 제34조(대규모 택지개발지구 등에서의 우선 공급)에 따라 면적이 66

만 제곱미터 이상인 지역이기 때문에 과천시 당해 30%, 경기도 20%, 수도권 50%의 비율이 적용되지만, 민간임대주택에 관한 특별법이 적용되어 과천시민에게 100% 물량이 배정되었다. 과천 주암지구 신혼희망타운은 1,421세대 중 당해 730세대가 신청하여 부적격 사유가 없는 한 전원 당첨이었고, 미달 물량에 대해서는 수도권 접수로 넘어갔다.

2021년 12월 10일에 발표한 3차 사전청약 최종 집계 결과 약 6.8만 명이 신청했다. 3기 신도시 하남 교산에만 5.5만 명(특별+일반)이 신청하며 가장 높은 경쟁률을 기록했다. 신혼희망타운도 수도권 거주자를 대상으로 한 추가 접수를 통해 최종 3.3대 1의 경쟁률을 보였다.

2021년 3차 사전청약 공공분양(일반공급) 경쟁률 현황

구분	지구	블록	타입	신청	배정	경쟁률
공공분양 (일반공급 1순위)	합계			32,978	415	79.5
	하남 교산	계		30,579	166	184.2
		A2	51	4,597	48	95.8
			55	382	6	63.7
			58	511	3	170.3
			59	25,089	109	230.2
	과천 주암 * 당해 100%	C1	84	1,202	20	60.1
	양주 회천	A24	59	1,197	229	5.2

출처: 사전청약.kr

일반공급 역시 관심 지역인 하남 교산지구와 과천 주암지구 모두 높은 경쟁률을 보였다. 하남 교산 전용 59m² 타입은 230.2대 1을 기록하며 가장 관심이 높았다. 과천 주암지구는 당해 100% 공급임에도 60.1대 1의 경쟁률을 기록했다.

2021년 3차 사전청약 신혼희망타운 최종 경쟁률 현황

구분	지구	블록	타입	신청	배정	경쟁률
신혼희망타운	과천 주암 * 당해 100%		계	6,057	1,421	4.3
		C1	계	3,148	770	4.1
			46	531	188	2.8
			55	2,617	582	4.5
		C2	계	2,909	651	4.5
			46	116	29	4.0
			55	2,793	622	4.5
	시흥 하중 * 당해 100%		계	1,134	751	1.5
		A1	55	704	383	1.8
		A3	계	430	368	1.2
			55	335	317	1.1
			56(복층)	95	51	1.9

출처: 국토교통부

신혼희망타운 과천 주암지구는 합계 4.3대 1의 경쟁률로 최종 마감했고, 시흥 하중지구는 합계 1.5대 1의 경쟁률을 보였다. 2022년 1월 24일에 발표한 4차 사전청약 최종 집계 결과 약 13.6만 명이 신청했다. 공급 물량도 13,552호로 가장 많았고, 남양주 왕숙, 고양 창릉, 부천 대장 등 다수 지역에 관심이 몰렸기 때문이다. 신혼희망타운도 2021년 사전청약에서 유일한 서울 공급 물량(서울 대방)이 등장하며

경쟁률을 끌어올렸다. 4차 사전청약은 1~3차 사전청약과 달리 최종 경쟁률을 한 번에 공개했다.

2021년 4차 사전청약 공공분양 교통망도

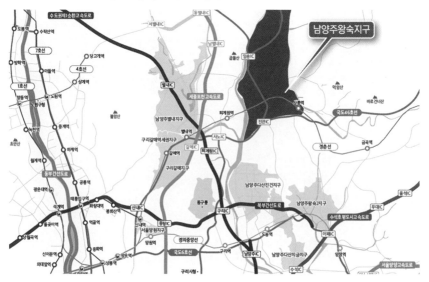

그림 5-25 남양주 왕숙 B1, B17, A1

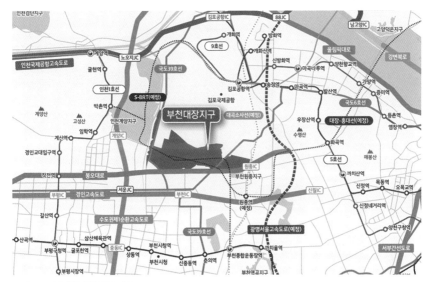

그림 5-26 부천 대장 A7, A8

그림 5-27 고양 창릉 S5, S6

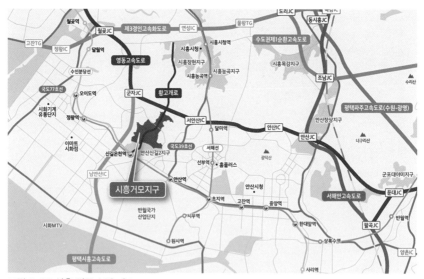

그림 5-28 시흥 거모 A10, S1

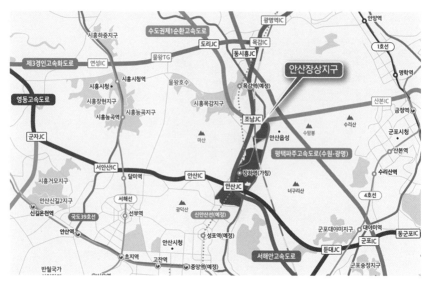

그림 5-29 안산 장상 A9

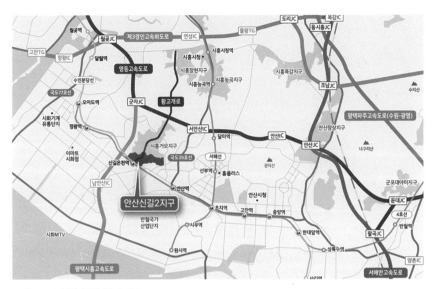

그림 5-30 안산 신길 A2,4, B1

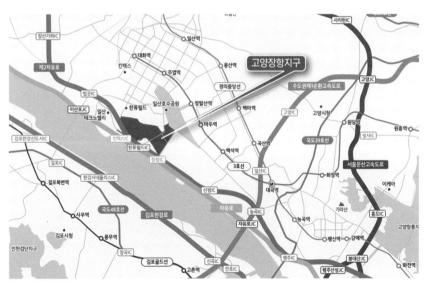

그림 5-31 고양 장항 S1

2021년 4차 사전청약 공공분양 최종 경쟁률 현황

구분	지구	블록	타입	신청	배정	경쟁률
공공분양	합계			110,707	6,400	17.3
	남양주 왕숙	계		31,505	1,601	19.7
		A1	59	6,992	597	11.7
		B1	74	2,226	192	11.6
			84	4,456	339	13.1
		B17	74	4,330	123	35.2
			84	13,501	350	38.6
	고양 장항	계		14,348	825	17.4
		S1	59	2,343	95	24.7
			84	10,370	711	14.6
			84T(복층)	1,635	19	86.1
	고양 창릉	계		41,219	1,125	36.6
		S5	51	2,537	236	10.8
			59	8,296	304	27.3
			74	6,755	100	67.6
			84	12,921	78	165.7
		S6	59	5,239	306	17.1
			74	5,471	101	54.2
	부천 대장	계		13,552	821	16.5
		A7	59	10,288	449	22.9
		A8	59	3,264	372	8.8

구분	지구	블록	타입	신청	배정	경쟁률
공공분양	시흥 거모	계		2,478	576	4.3
		A10	51	185	56	3.3
			59	649	236	2.8
		S1	59	192	85	2.3
			84	1,452	199	7.3
	안산 신길2	계		2,890	814	3.6
		A2,4	59	705	425	1.7
			59(복층)	56	24	2.3
		B1	74	238	77	3.1
			84	1,631	267	6.1
			84(복층)	58	7	8.3
			84T	202	14	14.4
	안산 장상	계		4,715	638	7.4
		A9	59	4,552	622	7.3
			59D	39	6	6.5
			59T	124	10	12.4

출처: 국토교통부

공공분양 중에서는 고양 창릉지구의 전용 84m² 타입이 165.7대 1의 가장 높은 경쟁률을 보였고, 고양 장항지구의 전용 84m² 테라스형 복층 타입이 86.1대 1로 두 번째로 높은 경쟁률을 기록했다. 다자녀, 신혼부부, 노부모부양, 생애최초 등 공급 별 상세 경쟁률은 사전청약 사이트에서 확인이 가능하다(URL: 사전청약.kr/board/noticeView.do?BD_SEQ=113).

2021년 4차 사전청약 신혼희망타운 교통망도

그림 5-32 인천 계양 A9

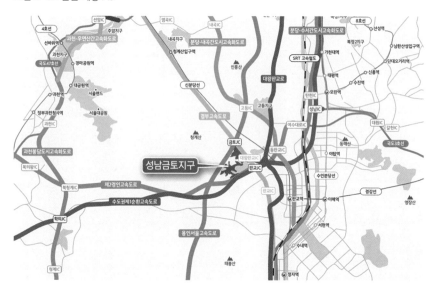

그림 5-33 성남 금토 A4

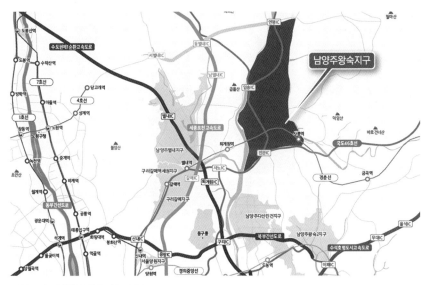

그림 5-34 남양주 왕숙 A2, A24

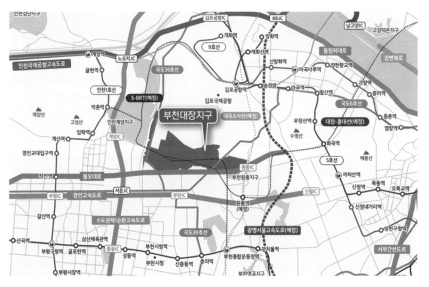

그림 5-35 부천 대장 A5, A6

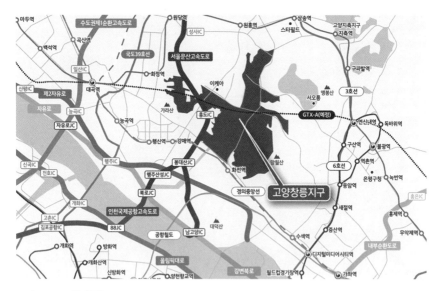

그림 5-36 고양 창릉 A4

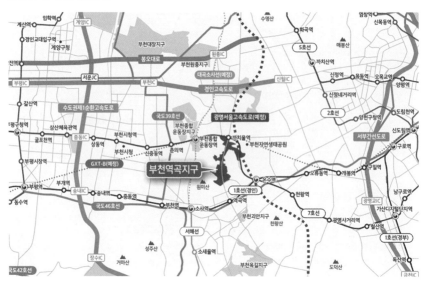

그림 5-37 부천 역곡 A2

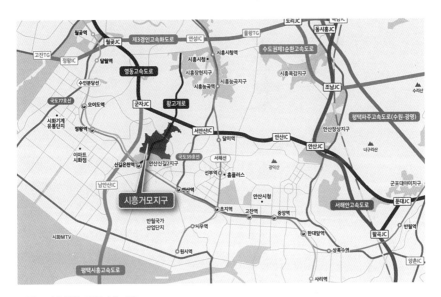

그림 5-38 기흥 거모 A5, A6

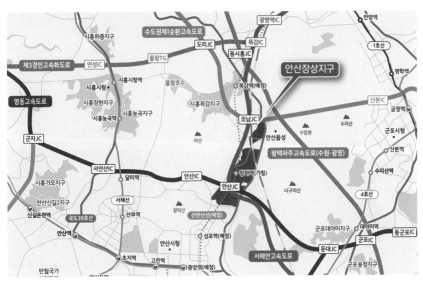

그림 5-39 안산 장상 A1

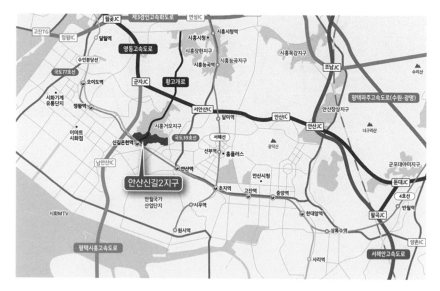

그림 5-40 안산 신길2 A1, 3, 6

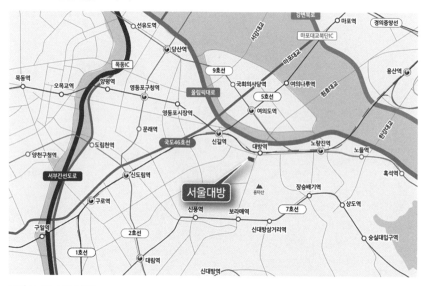

그림 5-41 서울 대방

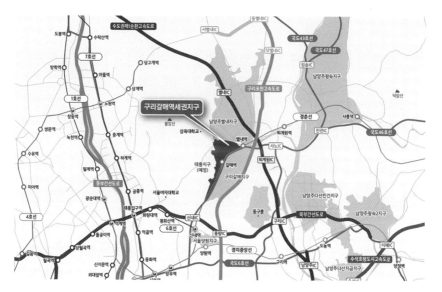

그림 5-42 구리갈매 역세권 A1

2021년 4차 사전청약 신혼희망타운 최종 경쟁률 현황

구분	지구	블록	타입	신청	배정	경쟁률
신혼희망타운	합계			25,200	7,152	3.5
	구리 갈매	계		3,269	1,125	2.9
		A1	46	226	277	0.8
			55	3,043	848	3.6
	남양주 왕숙	계		1,497	751	2.0
		A2	46	56	55	1.0
			55	440	325	1.4
		A24	55	1,001	371	2.7
	서울 대방 * 당해 100%	1	55	7,693	115	66.9
	고양 창릉	A4	55	3,234	572	5.7
	부천 대장	계		1,607	1,042	1.5
		A5	46	31	96	0.3
			55	1,211	509	2.4
		A6	46	53	119	0.4
			55	312	318	1.0
	부천 역곡	A2	55	2,379	927	2.6
	시흥 거모	계		293	749	0.4
		A5	55	35	294	0.1
		A6	55	73	317	0.2
			59	185	138	1.3
	인천 계양	A9	55	1,196	302	4.0
	성남 금토 * 당해 100%	A4	55	3,184	727	4.4

구분	지구	블록	타입	신청	배정	경쟁률
신혼희망타운	안산 신길2	계		228	558	0.4
		A1,3	55	154	318	0.5
		A6	55	74	240	0.3
	안산 장상	A1	55	620	284	2.2

출처: 국토교통부

신혼희망타운은 유일한 서울 공급 물량이었던 서울 대방지구가 66.9 대 1의 가장 높은 경쟁률을 보였고, 성남 금토지구는 당해 100% 물량을 4.4대 1의 경쟁률로 마감했다. 서울 대방 신혼희망타운 추정 분양가는 7억 2,463만 원이었다. 청약시점 자산 기준 3억 700만 원(2021년 기준)과 '신혼희망타운 전용 주택담보 장기대출(수익공유형 모기지)' 상품의 대출 한도 4억 원을 고려했을 때 부담스러운 가격이었지만, 주변 시세보다 낮은 가격 때문에 인기가 많았다.

2022년 3월 24일에 발표한 5차 공공사전청약 최종 집계 결과 약 7천 900여 명이 신청했다. 공급 물량이 1,840호로 많지 않았고 공공분양 없이 신혼희망타운만 모집을 했다. 경기도 4개 지구(남양주 왕숙, 남양주 왕숙2, 인천 계양, 인천 가정2)에 대해 진행한 결과 총 4.3대 1의 경쟁률을 기록했다.

2022년 5차 사전청약 신혼희망타운 최종 경쟁률 현황

구분	지구	블록	타입	신청	배정	경쟁률
신혼희망타운	합계			7,939	1,840	4.3
	남양주 왕숙	계		2,220	582	3.8
		A20	55	2,005	577	3.5
			55T	215	5	43.0
	남양주 왕숙2	A4	55	3,305	483	6.8
	인천 계양	A17	55	1,734	284	6.1
	인천 가정2	A2	55	680	491	1.4

출처: 국토교통부

서울 접근성이 좋은 4개 단지에 대해 신혼희망타운 사전청약이 진행되어 많은 관심을 모았다. 인천 가정2 지구는 당해지역에서 1.4대 1의 경쟁률을 기록하며 조기마감 되었다. 2022년 신혼희망타운은 자산 기준이 3억 4천 100만 원으로 상향되어 더 많은 신혼부부, 예비 신혼부부, 한부모 가정이 지원할 수 있게 되었다.

2022년 4월 15일 6차 공공사전청약 경쟁률이 발표됐다. 1,316호 공급에 5,454명이 신청하여 4.1의 경쟁률을 기록했다. 인천 영종은 2.5대 1의 경쟁률, 평택 고덕은 5.5대 1의 경쟁률을 기록하면서 사전청약에 대한 관심이 계속되고 있다.

2022년 6차 사전청약 공공분양 최종 경쟁률 현황

구분	지구	블록	타입	신청	배정	경쟁률
공공분양	합계			5,454	1,316	4.1
	인천 영종	계		1,461	589	2.5
		A24	74	354	165	2.1
			84	1,107	424	2.6
	평택 고덕	계		3,993	727	5.5
		A26	51	547	310	1.8
			59	3,446	417	8.3

출처: 국토교통부

평택 고덕은 공공 사전청약 최초로 전국에서 청약이 가능했다. 신청자 중 경기 외 지역에서 44.1%가 접수하면서 전국적으로 많은 관심을 보였다. 전용 51 타입은 소형이라 1.8대 1의 낮은 경쟁을 보였지만 전용 59 타입은 가장 높은 8.3대 1의 경쟁률을 기록했다. 평택 고덕은 민간 사전청약에서도 많은 인기를 얻고 있는 지구이다.

2022년에도 공공분양 사전청약은 계속 진행될 예정이다. 사전청약 물량이나 일정은 변동되는 경우가 있기 때문에 지속적 확인이 필요하다.

2022년 공공청약 추진일정(2022년 1월 24일 기준)

시기	입지	계획물량(단위: 천호)
1분기(3.2천호)	남양주 왕숙	0.6
	남양주 왕숙2	0.5
	인천 계양	0.3
	인천 영종	0.6
	인천 가정2	0.5
	평택 고덕	0.7
2분기(5.1천호)	남양주 왕숙	1.4
	남양주 왕숙2	0.4
	고양 창릉	1.4
	부천 대장	0.4
	화성 태안3	0.6
	평택 고덕	0.9

출처: 국토교통부

시기	입지	계획물량(단위: 천호)
3분기(7.2천호)	인천 계양	0.6
	고양 창릉	0.4
	부천 대장	0.4
	안산 장상	1.2
	남양주 양정역세권	2.2
	고양 탄현	0.6
	남양주 진접2	0.9
	양주 회천	0.9

시기	입지	계획물량(단위: 천호)
4분기(16.5천호)	남양주 왕숙	2.5
	하남 교산	2.2
	고양 창릉	0.8
	안양 매곡	0.2
	파주 운정3	1.6
	안산 장상	0.4
	과천 과천	0.5
	광명 학온	1.1
	안양 관양	0.4
	인천 검암역세권	1.0
	수방사군부지	0.2
	+ 5.6천호	

출처: 국토교통부

2021.11 ~ 2022.3
민간분양 사전청약 경쟁률

2021년 11월부터 진행한 민간분양 사전청약 경쟁률도 정리했다. 민간분양 사전청약과 관련한 정보는 청약홈 사이트를 활용하면 된다. 과거의 경쟁률과 현재 상황이 완전히 일치하지는 않지만, 참고 자료의 가치는 충분하다. 1차 민간분양 사전청약은 평택 고덕지구, 오산 세교 2지구와 부산 장안지구를 대상으로 진행됐다. 민간분양은 1인 가구나 1주택자도 지원 자격이 있으니 모집공고문을 자세히 확인하자.

평택 고덕지구는 1차 민간분양 사전청약 중 가장 높은 경쟁률을 기록했다. 경기 평택은 최근 빠르게 인구가 유입되는 도시 중 하나다. 삼성 평택캠퍼스 1, 2공장이 이미 가동됐고, 3공장도 2022년 하반기 완공 예정이다. 주한미군 평택 이전 효과와 고덕국제신도시까지 고려하면 당분간 인구 유입은 계속될 전망이다.

경기 평택 고덕국제신도시 A-49블록 호반써밋III 특별공급 신청 현황

주택형	공급 세대수	지역	접수건수				
			다자녀 가구	신혼 부부	생애 최초	노부모 부양	기관 추천
84A	113	배정세대수	18	36	36	5	18
		해당지역	40	376	285	6	
		기타경기	15	275	266	8	15
		기타지역	22	220	287	5	
84B	69	배정세대수	11	22	22	3	11
		해당지역	17	99	103	1	
		기타경기	9	69	89	1	8
		기타지역	13	71	81	3	
84C	69	배정세대수	11	22	22	3	11
		해당지역	10	80	67	2	
		기타경기	3	44	66	1	7
		기타지역	8	64	75	2	
100	30	배정세대수	23	0	0	7	0
		해당지역	62	0	0	8	
		기타경기	35	0	0	12	0
		기타지역	56	0	0	14	

출처: 청약홈

특별공급은 84A 타입에 가장 많은 신청자가 몰렸다. 신혼부부 특별공급은 36세대 모집에 해당 지역에서만 376명이 신청했고, 생애최초 특별공급 역시 동일한 모집 인원에 285명이 신청하면서 관심이 높았다. 84B나 84C 타입으로 신청했다면 충분히 당첨을 기대할 수 있는 경쟁률이었다.

경기 평택 고덕국제신도시 A-49블록 호반써밋III 일반공급 신청 현황
(1순위 마감)

주택형	공급 세대수	순위		접수 건수	경쟁률	당첨가점		
						최저	최고	평균
84A	69	1순위	해당지역	2,586	123.14	63	70	65.81
			기타경기	1,575	295.71	62	69	64.64
			기타지역	1,727	172.15	62	71	66.23
84B	42	1순위	해당지역	855	65.77	59	69	61.6
			기타경기	508	168.75	60	69	62.83
			기타지역	602	92.57	59	66	61.06
84C	41	1순위	해당지역	692	57.67	57	60	58
			기타경기	403	135.38	58	63	59.5
			기타지역	513	75.62	57	66	59.75
100	200	1순위	해당지역	4,088	68.13	57	69	60.5
			기타경기	5,348	234.4	63	67	64.83
			기타지역	5,281	146.17	62	71	64.73

출처: 청약홈

일반공급은 352세대 모집에 24,178명이 신청하며 1차 민간 사전청약 일반분양 지구 중에서 독보적인 경쟁률을 보였다. 해당 지역(평택시)뿐 아니라 경기도, 기타 지역까지 전체적으로 높은 경쟁률을 기록하면서 흥행한 모습이다. 오산 세교지구는 특별공급에서 생애최초 특별공급을 제외하고는 전반적으로 저조한 경쟁률을 기록했지만, 일반공급에서 전 타입 1순위 마감했다.

경기 오산 세교2 A14BL 우미린 특별공급 신청 현황

주택형	공급 세대수	지역	접수건수				
			다자녀 가구	신혼 부부	생애 최초	노부모 부양	기관 추천
59A	140	배정세대수	22	45	45	6	22
		해당지역	0	1	23	0	8
		기타경기	0	7	100	1	
		기타지역	0	4	35	0	
59B	163	배정세대수	26	52	52	7	26
		해당지역	0	5	41	0	9
		기타경기	0	14	146	0	
		기타지역	0	2	63	0	
59C	151	배정세대수	24	48	48	7	24
		해당지역	0	1	37	0	6
		기타경기	0	12	150	1	
		기타지역	0	2	56	0	
59D	56	배정세대수	9	18	18	2	9
		해당지역	0	2	5	0	2
		기타경기	0	1	31	1	
		기타지역	0	1	15	0	
72	144	배정세대수	23	46	46	6	23
		해당지역	0	8	4	0	13
		기타경기	1	34	21	0	
		기타지역	0	3	12	0	

주택형	공급 세대수	지역	접수건수				
			다자녀 가구	신혼 부부	생애 최초	노부모 부양	기관 추천
84	210	배정세대수	33	67	67	10	33
		해당지역	1	22	20	1	20
		기타경기	3	91	50	6	
		기타지역	1	20	26	0	

출처: 청약홈

생애최초 특별공급에 집중적으로 신청자가 몰린 모습이다. 1인 가구
도 생애최초 특별공급의 추첨제 물량 30%에 도전할 수 있기 때문으로
보인다. 단독 세대는 전용면적 60m² 이하 주택형에만 신청이 가능하
다. 주택 평형 중 전용 72 타입을 신청한 사람이 공급세대수 144명보
다 적어 미달이 났다. 미달 물량은 일반 공급 신청자에게 기회가 돌아
갔다.

경기 오산 세교2 A14BL 우미린 일반공급 신청 현황(1순위 마감)

주택형	공급 세대수	순위		접수 건수	경쟁률	당첨가점		
						최저	최고	평균
59A	86	1순위	해당지역	44	1.69	15	53	29.1
			기타경기	125	8.41	38	57	45.38
			기타지역	36	3.77	25	53	34.12
59B	100	1순위	해당지역	57	1.9	19	56	34.17
			기타경기	139	8.3	31	61	41.27
			기타지역	43	3.78	23	64	31.5

주택형	공급 세대수	순위		접수 건수	경쟁률	당첨가점		
						최저	최고	평균
59C	92	1순위	해당지역	38	1.36	12	49	24.38
			기타경기	149	8.83	38	54	45.36
			기타지역	35	3.83	23	52	31.77
59D	34	1순위	해당지역	22	2.2	14	45	32.13
			기타경기	31	6.14	43	50	45.83
			기타지역	17	3.12	21	61	33.92
72	137	1순위	해당지역	124	3.02	27	74	40.13
			기타경기	318	14.85	43	64	48.24
			기타지역	97	6.83	33	55	39.81
84	126	1순위	해당지역	266	7	38	66	48
			기타경기	854	43.28	50	59	54.11
			기타지역	197	19.9	44	58	48.25

출처: 청약홈

일반분양은 575세대 공급(특별공급 미달분 포함)에 2,592명이 신청하여 4.5대 1의 경쟁률을 기록했다. 전용 84 타입이 가장 높은 경쟁률을 보였고, 전용 72 타입이 뒤를 이었다. 전용 59 타입의 해당 지역 최저가점은 12~19점으로 낮아 평택시에 거주하고 있었다면 당첨 가능성이 높았다.

부산 장안지구는 1차 민간분양 사전청약에서 가장 낮은 경쟁률을 기록했다. 특별공급뿐만 아니라 일반공급 1순위에서도 대부분 미달을 기록했다. 부산에서도 중심이 아닌 외곽 지역이라 수요가 적었다.

부산 장안지구 중흥S-클래스 특별공급 신청 현황

주택형	공급 세대수	지역	접수건수				
			다자녀 가구	신혼 부부	생애 최초	노부모 부양	기관 추천
59A	88	배정세대수	14	28	28	4	14
		해당지역	0	1	36	0	1
		기타지역	0	0	3	0	
59B	56	배정세대수	9	18	18	2	9
		해당지역	0	0	7	0	1
		기타지역	0	0	2	0	
84A	140	배정세대수	22	45	45	6	22
		해당지역	3	29	15	1	5
		기타지역	0	3	2	0	
84B	27	배정세대수	4	9	9	1	4
		해당지역	1	3	4	1	0
		기타지역	0	0	0	0	

출처: 청약홈

특별공급에서 모든 주택형이 미달을 기록하면서 일반공급으로 기회가 넘어갔다. 선호도가 높은 전용 84 타입도 미달을 기록한 모습이다.

부산 장안지구 중흥S-클래스 일반공급 신청 현황

주택형	공급 세대수	순위		접수 건수	경쟁률	당첨가점		
						최저	최고	평균
59A	99	1순위	해당지역	54	미달	–	–	–
			기타지역	8	미달			
		2순위	해당지역	48	1.3	–	–	–
			기타지역	14	–			
59B	81	1순위	해당지역	16	미달	–	–	–
			기타지역	2	미달			
		2순위	해당지역	22	미달	–	–	–
			기타지역	2	미달			
84A	167	1순위	해당지역	271	1.62	30	63	40.99
			기타지역	39	–			
		2순위	해당지역	0	–	0	0	0
			기타지역	0	–			
84B	39	1순위	해당지역	29	미달	–	–	–
			기타지역	4	미달			
		2순위	해당지역	100	16.67	–	–	–
			기타지역	27	–			

출처: 청약홈

일반공급에서도 전용 84A 타입이 1.62대 1의 경쟁률을 기록한 것을
제외하면, 일반공급 1순위에도 미달을 기록하여 2순위로 넘어갔다.
전용 59B 타입은 2순위에도 공급 세대수를 채우지 못했다.

2차 민간분양 사전청약은 인천 검단지구와 평택 고덕지구를 대상으로 진행됐다. 인천 검단지구에는 3개 블록에서 사전청약을 받아 평택 고덕지구 1개 블록을 포함하여 총 4개 블록이 대상이었다. 1,726세대가 배정된 특별공급에 22,741명이 신청하여 13.2대 1의 경쟁률을 보였고, 1,598세대가 배정된 일반공급에는 89,483명이 신청해서 56대 1의 경쟁률을 기록했다. 인천 검단지구나 평택 고덕지구 모두 수요가 많은 지역이라 전체 11만 명이 넘는 신청자를 기록하며 흥행에 성공했다.

인천 검단신도시 AB20-2블록 중흥S-클래스 특별공급 신청 현황

주택형	공급 세대수	지역	접수건수				
			다자녀 가구	신혼 부부	생애 최초	노부모 부양	기관 추천
72A	56	배정세대수	9	18	18	2	9
		해당지역	1	52	59	2	6
		기타지역	4	141	256	12	
72B	63	배정세대수	10	20	20	3	10
		해당지역	0	35	48	2	4
		기타지역	2	116	204	9	
84A	310	배정세대수	49	99	99	14	49
		해당지역	21	436	476	20	40
		기타지역	45	1,580	2,404	50	
84B	159	배정세대수	25	51	51	7	25
		해당지역	7	70	94	3	19
		기타지역	16	335	537	9	

주택형	공급세대수	지역	접수건수				
			다자녀가구	신혼부부	생애최초	노부모부양	기관추천
101	50	배정세대수	39	0	0	11	0
		해당지역	33	0	0	10	0
		기타지역	85	0	0	55	
147	0	배정세대수	0	0	0	0	0
		해당지역	0	0	0	0	0
		기타지역	0	0	0	0	

특별공급에서는 전용 84A 타입에 가장 많은 관심이 쏠렸다. 전용 84A를 피해서 신청했다면 당첨 가능성이 있었다. 입지와 평형 모두 수요자의 니즈를 충족한 모습이다.

인천 검단신도시 AB20-2블록 중흥S-클래스 일반공급 신청 현황 (1순위 마감)

주택형	공급세대수	순위		접수건수	경쟁률	당첨가점		
						최저	최고	평균
72A	37	1순위	해당지역	542	28.53	55	62	57.26
			기타지역	815	74.33	62	69	65.06
72B	37	1순위	해당지역	321	16.89	51	63	54.58
			기타지역	613	50.83	57	66	59.28

주택형	공급세대수	순위		접수건수	경쟁률	당첨가점		
						최저	최고	평균
84A	189	1순위	해당지역	1,654	17.41	56	71	59.86
			기타지역	2,592	44.16	62	71	65.22
84B	96	1순위	해당지역	426	8.88	46	67	52.02
			기타지역	732	23.13	59	66	61
101	342	1순위	해당지역	5,618	32.85	52	69	56.26
			기타지역	15,605	123.11	60	69	63.03
147	5	1순위	해당지역	49	16.33	60	61	60.5
			기타지역	133	89.5	69	69	69

출처: 청약홈

인천 검단신도시 AB20-1블록 제일풍경채 검단Ⅲ 특별공급 신청 현황

주택형	공급세대수	지역	접수건수				
			다자녀가구	신혼부부	생애최초	노부모부양	기관추천
84A	164	배정세대수	26	52	52	8	26
		해당지역	31	435	479	22	20
		기타지역	55	1,618	2,589	75	

주택형	공급 세대수	지역	접수건수				
			다자녀 가구	신혼 부부	생애 최초	노부모 부양	기관 추천
84B	52	배정세대수	8	17	17	2	8
		해당지역	2	61	62	1	5
		기타지역	10	232	366	6	
84C	20	배정세대수	4	6	6	1	3
		해당지역	0	29	31	1	2
		기타지역	7	135	182	5	
115A	13	배정세대수	10	0	0	3	0
		해당지역	13	0	0	2	0
		기타지역	36	0	0	18	
115B	9	배정세대수	7	0	0	2	0
		해당지역	10	0	0	0	0
		기타지역	21	0	0	13	

출처: 청약홈

공급물량 최소 평형이 전용 84 타입이라 인기가 높았던 블록이다. 배정물량이 적고 A 타입에 비해 선호도가 낮은 C 타입의 경쟁률이 낮게 나타났다.

인천 검단신도시 AB20-1블록 제일풍경채 검단Ⅲ 일반공급 신청 현황 (1순위 마감)

주택형	공급 세대수	순위		접수 건수	경쟁률	당첨가점		
						최저	최고	평균
84A	95	1순위	해당지역	2,384	49.67	50	69	51.9
			기타지역	3,971	134.19	59	64	59.7
84B	32	1순위	해당지역	612	38.25	46	54	48.06
			기타지역	1,041	102.31	56	59	57.81
84C	15	1순위	해당지역	383	47.88	45	51	48
			기타지역	770	163.57	57	60	57.71
115A	88	1순위	해당지역	2,201	50.02	47	53	48.55
			기타지역	7,005	208.23	58	66	59.14
115B	63	1순위	해당지역	1,341	41.91	46	50	48.06
			기타지역	4,282	180.35	57	60	59

출처: 청약홈

인천 검단신도시 AB19블록 호반써밋V 특별공급 신청 현황

주택형	공급 세대수	지역	접수건수				
			다자녀 가구	신혼 부부	생애 최초	노부모 부양	기관 추천
84A	280	배정세대수	44	89	89	14	44
		해당지역	33	408	451	23	38
		기타지역	81	1,426	2,226	72	
84B	92	배정세대수	15	29	29	4	15
		해당지역	0	38	40	2	8
		기타지역	6	139	269	10	

주택형			배정세대수	18	36	36	5	18
84C	113	해당지역	5	69	61	2	8
		기타지역	10	238	373	13	

특별공급 중 해당 지역 조건을 충족하는 신청자에게 좋은 기회가 된 블록이다. 당첨을 가장 우선순위로 놓고 84B, 84C 타입을 신청했다면 당첨 가능성이 높았다. 기타 지역도 신청자가 많았지만 당첨을 기대할 수 있는 경쟁률 수준을 보였다(수백 대 1 이상의 비현실적인 경쟁률이 아니었다는 의미).

인천 검단신도시 AB19블록 호반써밋V 일반공급 신청 현황(1순위 마감)

주택형	공급 세대수	순위		접수 건수	경쟁률	당첨가점		
						최저	최고	평균
84A	166	1순위	해당지역	3,043	36.66	51	66	53.93
			기타지역	5,222	98.58	60	69	61.43
84B	55	1순위	해당지역	646	23.07	46	56	48.71
			기타지역	1,297	70.93	57	62	58.85
84C	65	1순위	해당지역	754	22.85	46	56	49.52
			기타지역	1,339	64.38	57	62	58.5

평택 고덕국제신도시 A-46BL 디에트르 특별공급 신청 현황

주택형	공급 세대수	지역	접수건수				
			다자녀 가구	신혼 부부	생애 최초	노부모 부양	기관 추천
84A	44	배정세대수	7	14	14	2	7
		해당지역	8	91	78	3	4
		기타경기	2	81	97	4	
		기타지역	7	84	102	2	
84B	126	배정세대수	20	40	40	6	20
		해당지역	27	196	178	2	19
		기타경기	8	168	190	8	
		기타지역	24	138	193	8	
84C	158	배정세대수	25	50	50	8	25
		해당지역	30	158	179	6	21
		기타경기	6	105	147	7	
		기타지역	22	130	143	9	
111A	4	배정세대수	3	0	0	1	0
		해당지역	15	0	0	0	0
		기타경기	9	0	0	0	
		기타지역	6	0	0	2	
111B	4	배정세대수	3	0	0	1	0
		해당지역	4	0	0	0	0
		기타경기	3	0	0	0	
		기타지역	3	0	0	0	

주택형	공급세대수	지역	접수건수				
			다자녀가구	신혼부부	생애최초	노부모부양	기관추천
115C	9	배정세대수	7	0	0	2	0
		해당지역	24	0	0	4	0
		기타경기	12	0	0	4	
		기타지역	20	0	0	2	

출처: 청약홈

평택 고덕국제신도시는 1차 민간분양 사전청약에서도 관심이 많았다. 입지와 주택 평형 모두 만족할 조건이라 신청자가 상당했다.

평택 고덕국제신도시 A-46BL 디에트르 일반공급 신청 현황(1순위 마감)

주택형	공급세대수	순위		접수건수	경쟁률	당첨가점		
						최저	최고	평균
84A	28	1순위	해당지역	1,049	131.13	60	73	65.33
			기타경기	878	319.83	62	69	65.8
			기타지역	939	203.71	60	68	61.91
84B	72	1순위	해당지역	1,816	82.55	58	65	60.59
			기타경기	1,391	227.5	59	68	61.64
			기타지역	1,312	124.53	59	69	61.59
84C	91	1순위	해당지역	1,693	62.7	58	69	60.43
			기타경기	1,367	168.5	58	62	59.29
			기타지역	1,506	98.28	57	69	59.11
111A	31	1순위	해당지역	925	102.78	63	68	66.33
			기타경기	1,833	458.17	60	62	61
			기타지역	1,484	264.19	60	71	65.2

주택형	공급 세대수	순위		접수 건수	경쟁률	당첨가점		
						최저	최고	평균
111B	31	1순위	해당지역	395	43.89	53	54	53.67
			기타경기	763	191.5	56	58	57
			기타지역	562	106.56	54	56	54.6
115C	60	1순위	해당지역	1,489	82.72	60	69	63
			기타경기	2,538	334.08	59	66	61.5
			기타지역	2,152	204.97	59	64	61.11

출처: 청약홈

3차 민간분양 사전청약은 파주 운정신도시와 양주 회천지구를 대상으로 진행됐다. 한국부동산원 청약홈에 따르면 2개 지구 총 628세대가 배정된 특별공급에 4,426명이 신청하여 7대 1의 경쟁률을 보였고, 375세대가 배정된 일반공급에는 17,584명이 신청해서 46.9대 1의 경쟁률을 기록했다. 시세보다 저렴한 분양가로 인해 주목받았고, 그중에서도 파주 운정신도시 A33 블록의 인기가 많았다.

파주 운정신도시 A33블록 우미 린 특별공급 신청 현황

주택형	공급 세대수	지역	접수건수				
			다자녀 가구	신혼 부부	생애 최초	노부모 부양	기관 추천
84A	284	배정세대수	45	90	90	14	45
		해당지역	27	329	456	15	34
		기타경기	28	438	670	27	
		기타지역	16	540	780	19	

주택형	공급 세대수	지역	접수건수				
			다자녀 가구	신혼 부부	생애 최초	노부모 부양	기관 추천
84B	29	배정세대수	4	10	10	1	4
		해당지역	3	12	21	3	1
		기타경기	1	30	51	2	
		기타지역	1	54	67	1	

출처: 청약홈

공급 세대수가 많았던 84A 타입에 더 많은 관심이 몰렸다. 신혼부부, 생애최초뿐만 아니라 다자녀가구와 노부모부양 특별공급에도 경쟁이 있었다. 84A 타입은 일반적인 판상형이었고, 84B 타입은 판상형이지만 주방 쪽에 창문이 없을 가능성이 높은 형태로 보였다. 당첨이 목적이라면 84B를 선택하는 게 당첨 확률이 높았다.

파주 운정신도시 A33블록 우미 린 일반공급 신청 현황(1순위 마감)

주택형	공급 세대수	순위	접수 건수	경쟁률	당첨가점		
					최저	최고	평균
84A	169	1순위	해당지역	3,705	72.65	59	74	61.56
			기타경기	4,493	239.62	61	69	63.88
			기타지역	4,101	145.4	60	69	62
84B	19	1순위	해당지역	368	61.33	55	58	56.2
			기타경기	635	249.25	60	62	61
			기타지역	726	191	59	69	61.71

출처: 청약홈

일반공급도 188세대 모집에 14,028명이 신청하면서 74.6대 1의 경쟁률을 기록했다. 평형과 관계없이 높은 경쟁률을 보였고 당첨 가점도

50점대에서 최고 74점까지 기록하며 인기가 많았다.

양주 회천지구 A-20BL 대광로제비앙 2차 특별공급 신청 현황

주택형	공급 세대수	지역	접수건수				
			다자녀 가구	신혼 부부	생애 최초	노부모 부양	기관 추천
74	69	배정세대수	11	22	22	3	11
		해당지역	1	4	16	1	4
		기타경기	0	23	32	2	
		기타지역	1	22	41	4	
84A	164	배정세대수	26	52	52	8	26
		해당지역	21	74	58	4	16
		기타경기	14	75	87	6	
		기타지역	6	77	91	4	
84B	82	배정세대수	13	26	26	4	13
		해당지역	1	10	14	0	8
		기타경기	1	22	17	0	
		기타지역	1	16	25	1	

출처: 청약홈

경쟁률을 보면 타입에 따른 선호도가 반영되었다. 74 타입과 84A 타입은 판상형으로 되어 있어 청약 신청자의 관심도가 높았다. 84B의 경우 타워형으로 되어 있어 공간 활용 측면에서 관심이 덜했던 것으로 보인다. 양주 회천지구는 파주 운정신도시에 비해 잘 알려지지 않았지만 교통 호재가 있어 추후 발전 가능성이 있는 지역이다. 특별공급 요건으로 청약 신청이 가능했다면 당첨을 기대할 수 있는 단지였다.

양주 회천지구 A-20BL 대광로제비앙 2차 일반공급 신청 현황
(1순위 마감)

주택형	공급 세대수	순위		접수 건수	경쟁률	당첨가점		
						최저	최고	평균
74	40	1순위	해당지역	140	11.67	52	69	58.22
			기타경기	309	54.63	54	60	57.67
			기타지역	309	36.9	53	66	57.2
84A	97	1순위	해당지역	520	17.93	57	68	61.09
			기타경기	845	70.32	61	81	66.47
			기타지역	630	39.73	56	71	58.35
84B	50	1순위	해당지역	202	13.47	46	58	53.33
			기타경기	346	53.3	54	60	56.38
			기타지역	255	31.12	50	62	53.26

출처: 청약홈

일반분양에서는 187세대 공급에 3,556명이 신청하여 19대 1의 경쟁률을 기록했다. 일반공급은 특별공급에 비해 전 평형에서 높은 관심을 보였다. 해당 지역에 관심이 있다면 특별공급 요건을 충족하는 방향의 전략이 유효하다.

4차 민간분양 사전청약은 수도권과 지방 시장의 온도 차가 상당했다. 수도권에서는 인천 검단 호반 써밋이 382가구 모집에 3,589명이 신청하여 9.4대 1의 경쟁률을 보였다. 의왕 고천 제일 풍경채도 510가구 모집에 2,611명이 신청하여 5.1대 1의 경쟁률을 기록했다. 반면 남청주 현도 호반 써밋의 경우 371가구 모집에 29명만 신청해서 대규모 미달이 발생했다.

인천 검단신도시 AB13블록 호반써밋Ⅲ 특별공급 현황

주택형	공급 세대수	지역	접수건수				
			다자녀 가구	신혼 부부	생애 최초	노부모 부양	기관 추천
84A	59	배정세대수	9	19	19	3	9
		해당지역	2	45	61	1	6
		기타지역	4	131	181	4	
84B	164	배정세대수	26	52	52	8	26
		해당지역	12	263	262	9	21
		기타지역	12	704	1051	20	
84C	65	배정세대수	10	21	21	3	10
		해당지역	1	46	52	2	8
		기타지역	3	142	233	2	
84D	61	배정세대수	10	19	19	3	10
		해당지역	1	17	23	0	7
		기타지역	1	84	136	4	
97	16	배정세대수	13	0	0	3	0
		해당지역	4	0	0	0	0
		기타지역	4	0	0	6	
97P	17	배정세대수	13	0	0	4	0
		해당지역	5	0	0	0	0
		기타지역	9	0	0	10	

출처: 청약홈

공급물량 최소 평형이 전용 84 타입이라 인기가 높았다. 전용 84 타입의 분양가가 약 4억 6,000만 원으로 주변 시세보다 저렴하게 나와 많은 관심이 몰렸다.

인천 검단신도시 AB13블록 호반써밋Ⅲ 일반공급 신청 현황(1순위 마감)

주택형	공급 세대수	순위		접수 건수	경쟁률	당첨가점		
						최저	최고	평균
84A	36	1순위	해당지역	396	22	52	63	56.06
			기타지역	615	55.17	52	74	57.74
84B	99	1순위	해당지역	974	19.48	47	59	50.1
			기타지역	1,336	46.12	44	65	49.5
84C	39	1순위	해당지역	217	10.85	47	62	50.79
			기타지역	346	28.58	45	66	52.21
84D	35	1순위	해당지역	158	8.78	52	63	56.06
			기타지역	273	24.29	52	74	57.74
97	114	1순위	해당지역	2,045	35.88	47	59	50.1
			기타지역	4,794	118.98	44	65	49.5
97P	112	1순위	해당지역	1,934	34.54	47	62	50.79
			기타지역	4,473	113.41	45	66	52.21

출처: 청약홈

일반분양에서는 435세대 공급에 17,561명이 신청하여 40대 1의 경쟁률을 기록했다. 해당 지역에 관심이 있다면 추첨 물량을 노리거나 특별공급 요건을 충족하는 방향의 전략이 유효하다.

제일풍경채 의왕고천 특별공급 신청 현황

주택형	공급 세대수	지역	접수건수				
			다자녀 가구	신혼 부부	생애 최초	노부모 부양	기관 추천
84A	330	배정세대수	53	105	105	16	51
		해당지역	15	136	185	21	46
		기타경기	17				
		기타지역	1	715	797	39	
84B	80	배정세대수	12	25	25	4	14
		해당지역	5	16	15	4	10
		기타경기	1				
		기타지역	0	97	112	6	
84C	100	배정세대수	16	32	32	4	16
		해당지역	10	15	19	1	11
		기타경기	14				
		기타지역	7	138	150	8	

출처: 청약홈

모든 평형이 84 타입으로 구성되어 있고 특별공급 조건이 된다면 당첨 가능성이 높았다. 지구 내에 공공 인프라가 갖춰져 있고 광역 교통 접근성도 상당히 좋다. 분양가가 6억 원 대로 책정되어 다른 지구에 비해 가격 부담은 있었다.

제일풍경채 의왕고천 일반공급 신청 현황(1순위 마감)

주택형	공급 세대수	순위		접수 건수	경쟁률	당첨가점		
						최저	최고	평균
84A	195	1순위	해당지역	1,053	5.4	47	74	55.15
84B	44	1순위	해당지역	243	5.52	42	74	49.09
84C	61	1순위	해당지역	235	3.85	37	70	47.52

출처: 청약홈

일반분양에서는 300세대 공급에 1,531명이 신청하여 5.1대 1의 경쟁률을 기록했다. 당첨 가점 최고가 70점대이지만 최저 가점이 37점까지 보여 일반공급 당첨의 가능성도 상당히 높았다.

남청주 현도지구 B1블록 호반써밋 특별공급 현황

주택형	공급 세대수	지역	접수건수				
			다자녀 가구	신혼 부부	생애 최초	노부모 부양	기관 추천
84A	75	배정세대수	12	24	24	3	12
		해당지역	0	1	6	0	0
		기타지역	0	1	0	0	
84B	136	배정세대수	22	43	43	6	22
		해당지역	0	1	6	2	2
		기타지역	0	0	0	0	
84C	141	배정세대수	22	45	45	7	22
		해당지역	0	0	2	0	0
		기타지역	0	0	0	0	

주택형	공급세대수	지역					
84D	19	배정세대수	3	6	6	1	3
		해당지역	0	1	6	1	0
		기타지역	0	0	0	0	

특별공급에서는 모든 타입이 미달되었다. 일반공급 또한 84D 타입만 2순위 기타지역에서 경쟁이 있었고, 나머지 타입은 미달로 종료가 되었다. 잔여 물량은 본 청약 때 다시 모집하게 된다.

아산 탕정지구 2-A12BL 대광로제비앙 특별공급 현황

주택형	공급세대수	지역	접수건수				
			다자녀가구	신혼부부	생애최초	노부모부양	기관추천
84A	120	배정세대수	19	38	38	6	19
		해당지역	27	208	285	6	14
		기타지역	3	17	14	2	
84B	63	배정세대수	10	20	20	3	10
		해당지역	6	41	56	1	8
		기타지역	2	5	4	0	
103	9	배정세대수	7	0	0	2	0
		해당지역	27	0	0	4	0
		기타지역	0	0	0	0	

특별공급은 전용 84A 타입에 경쟁이 몰렸다. 당첨이 목적이라면 상대적으로 선호도가 덜한 84B 타입을 선택하는 전략이 유효했다.

아산 탕정지구 2-A12BL 대광로제비앙 일반공급 신청 현황(1순위 마감)

주택형	공급 세대수	순위		접수 건수	경쟁률	당첨가점		
						최저	최고	평균
84A	75	1순위	해당지역	4,358	58.11	59	69	61.93
			기타지역	199	–	0	0	0
84B	36	1순위	해당지역	974	27.06	52	61	55.53
			기타지역	76	–	0	0	0
103	65	1순위	해당지역	5,316	81.78	–	–	–
			기타지역	165	–	–	–	–

출처: 청약홈

일반분양에서는 176세대 공급에 11,088명이 신청하여 63대 1의 높은 경쟁률을 기록했다. 물론 최저 당첨 가점도 50점 대로 높은 수준을 보였다.

울산다운2지구 B-2BL 우미린 특별공급 현황

주택형	공급 세대수	지역	접수건수				
			다자녀 가구	신혼 부부	생애 최초	노부모 부양	기관 추천
84A	715	배정세대수	158	210	210	31	106
		해당지역	4	189	138	1	26
		기타지역	0	6	1	1	
84B	157	배정세대수	35	47	47	7	21
		해당지역	0	5	7	1	2
		기타지역	0	0	0	0	

출처: 청약홈

전용 84 타입으로 구성된 단지로 공급 세대수가 872가구로 많았다.

특별공급 미달로 신청자 전원이 당첨되었다.

울산다운2지구 B-2BL 우미린 일반공급 신청 현황

주택형	공급 세대수	순위		접수 건수	경쟁률	당첨가점		
						최저	최고	평균
84A	701	1순위	해당지역	1,893	2.7	31	74	39.76
			기타지역	50	–	–	–	–
84B	211	1순위	해당지역	168	(△43)	–	–	–
			기타지역	5	(△38)	–	–	–
		2순위	해당지역	540	14.21	–	–	–
			기타지역	27	–	–	–	–

출처: 청약홈

일반분양 84A 타입은 해당지역에서만 1,893명이 신청하여 2.7대 1의 경쟁률을 보였다. 반면 84B 타입은 1순위 해당지역, 기타지역에서 미달이 발생하여 2순위 해당지역에서 14.21대 1의 높은 경쟁률로 마감됐다.

부산장안 디에트르 특별공급 현황

주택형	공급 세대수	지역	접수건수				
			다자녀 가구	신혼 부부	생애 최초	노부모 부양	기관 추천
84A	44	배정세대수	7	14	14	2	7
		해당지역	2	12	25	0	2
		기타지역	0	3	2	0	
84B	71	배정세대수	11	23	23	3	11
		해당지역	0	10	20	0	2
		기타지역	0	3	3	0	
84C	90	배정세대수	14	29	29	4	14
		해당지역	1	11	14	0	1
		기타지역	0	2	2	1	
110A	5	배정세대수	4	0	0	1	0
		해당지역	0	0	0	0	0
		기타지역	0	0	0	0	
110B	5	배정세대수	4	0	0	1	0
		해당지역	2	0	0	0	0
		기타지역	0	0	0	0	

출처: 청약홈

물량이 가장 적었던 전용 84A 타입만 일부 경쟁이 있었고 나머지 타입은 미달을 기록했다.

부산장안 디에트르 일반공급 신청 현황

주택형	공급 세대수	순위		접수 건수	경쟁률	당첨가점		
						최저	최고	평균
84A	28	1순위	해당지역	184	6.57	46	58	50.92
			기타지역	21	–	–	–	–
84B	76	1순위	해당지역	164	2.16	33	61	41.74
			기타지역	42	–	–	–	–
84C	112	1순위	해당지역	176	1.57	27	65	38.11
			기타지역	22	–	–	–	–
110A	40	1순위	해당지역	41	1.03	–	–	–
			기타지역	3	–	–	–	–
110B	38	1순위	해당지역	27	(△11)	–	–	–
			기타지역	3	(△8)	–	–	–
		2순위	해당지역	141	17.63	–	–	–
			기타지역	38	–	–	–	–

출처: 청약홈

일반분양에서는 전용 110B 타입을 제외하고 모두 1순위에서 마감되었다. 전용 84C 타입은 최저 가점이 27점으로 낮게 나타났고, 84A 타입에서는 6.57대 1의 경쟁률을 보였다.

5차 민간분양 사전청약은 오산 세교2지구의 2개 블록에 대해 진행했다. 특별공급에서는 낮은 경쟁률을 보였지만 일반공급 1순위에서 모두 마감되면서 종료됐다.

오산 세교2 A-13블록 호반써밋 특별공급 신청 현황

주택형	공급 세대수	지역	접수건수				
			다자녀 가구	신혼 부부	생애 최초	노부모 부양	기관 추천
59A	15	배정세대수	2	5	5	1	2
		해당지역	0	0	16	0	
		기타경기	0	3	44	0	0
		기타지역	0	2	23	0	
59B	149	배정세대수	24	47	47	7	24
		해당지역	0	0	16	0	
		기타경기	0	3	108	1	4
		기타지역	0	2	89	1	
59P	226	배정세대수	36	72	72	10	36
		해당지역	1	5	77	0	
		기타경기	0	26	387	0	7
		기타지역	0	9	178	0	
84	153	배정세대수	24	49	49	7	24
		해당지역	2	17	19	1	
		기타경기	3	88	101	1	7
		기타지역	2	31	45	1	
84P	38	배정세대수	6	12	12	2	6
		해당지역	0	9	3	0	
		기타경기	0	27	19	0	2
		기타지역	0	13	12	0	

출처: 청약홈

1인 가구와 소득 조건을 초과하는 경우(자산 조건은 충족)도 신청이 가능한 생애최초 특별공급을 제외하면 저조한 결과를 보였다.

오산 세교2 A-13블록 호반써밋 일반공급 신청 현황(1순위 마감)

주택형	공급세대수	순위		접수건수	경쟁률	당첨가점		
						최저	최고	평균
59A	10	1순위	해당지역	8	2.67	31	42	36.67
			기타경기	59	32	46	54	50
			기타지역	32	18.8	46	55	52.25
59B	88	1순위	해당지역	39	1.5	0	0	0
			기타경기	192	11.39	27	51	37.06
			기타지역	107	6.68	22	49	29.91
59P	132	1순위	해당지역	95	2.38	14	48	26.47
			기타경기	450	19.42	43	62	50.95
			기타지역	185	10.06	31	49	38.04
84	92	1순위	해당지역	269	9.61	29	59	38.24
			기타경기	1,421	92.33	50	65	54.21
			기타지역	442	45.35	46	69	49.66
84P	24	1순위	해당지역	78	11.14	33	51	40.83
			기타경기	407	95.6	53	56	54.25
			기타지역	156	52.42	47	69	54

출처: 청약홈

자녀가 없는 신혼부부나 1인 가구도 전용 59 타입으로 신청한 경우 일반공급 당첨이 가능했다. 특별공급의 경쟁률은 낮았지만 일반공급 1순위에서 전 평형 마감되면서 청약이 종료된 모습이다.

오산 세교2지구 A20블록 힐데스하임 특별공급 신청 현황

특별공급 386세대 중 218명이 신청하면서 같은 지구에서 공급한

A-13 블록보다 저조한 경쟁률을 보였다. 경쟁이 거의 없던 관계로 세부 현황은 첨부하지 않았다.

오산 세교2지구 A20블록 힐데스하임 일반공급 신청 현황(1순위 마감)

주택형	공급 세대수	순위		접수 건수	경쟁률	당첨가점		
						최저	최고	평균
69A	89	1순위	해당지역	36	1.33	13	52	23.9
			기타경기	219	12.67	43	64	51
			기타지역	91	6.84	31	57	39.24
69B	11	1순위	해당지역	0	(△3)	0	0	0
			기타경기	16	3.2	35	41	37.5
			기타지역	5	2.67	25	33	29.4
69C	20	1순위	해당지역	3	(△3)	0	0	0
			기타경기	28	4	22	39	29
			기타지역	16	3.7	19	46	30.25
69D	21	1순위	해당지역	6	1	0	0	0
			기타경기	30	7.5	33	40	35.67
			기타지역	20	4.18	27	43	30.67
72	15	1순위	해당지역	12	2.4	17	41	28.75
			기타경기	34	13.67	34	44	39.67
			기타지역	15	7.57	31	50	39
84A	18	1순위	해당지역	24	4.8	28	56	37
			기타경기	173	48	51	57	53.67
			기타지역	57	27.22	44	56	49.71
84B	78	1순위	해당지역	82	3.57	20	41	29.67
			기타경기	537	37.25	43	62	48.5
			기타지역	198	19.95	40	57	44.73

			해당지역	28	1.4	12	56	24.2
84C	68	1순위	기타경기	117	8.93	39	56	44
			기타지역	46	4.62	28	52	34.81
			해당지역	24	1.09	0	0	0
84D	72	1순위	기타경기	176	12.71	37	52	43.64
			기타지역	68	6.44	29	55	36.59

출처: 청약홈

해당지역의 일부 주택형에서 미달이 발생했지만(미달 물량은 △표기) 기타경기, 기타지역에서 많은 관심을 받으며 1순위 마감되었다. 가점이 낮은 청약 신청자에게는 내 집 마련의 좋은 기회가 되었다.

6차 민간분양 사전청약은 경남, 경기, 인천, 광주지역 7개 지구에 대해 진행했다. 6차 민간사전청약은 지역에 따라 온도 차를 보였다. 파주 운정신도시와 평택 고덕 국제신도시는 계속해서 청약 신청자의 관심을 모았다. 김해 진례지구는 특별공급과 일반공급에서 모두 저조한 성적을 기록했다.

6차 민간사전청약 특별공급 경쟁률

지구	블록	타입	배정	신청	경쟁률
합계			1,909	14,008	7.34
평택 고덕 국제신도시	계		254	1,681	6.62
	A50	84A	147	1,244	8.46
		84B	81	362	4.47
		99	26	75	2.88
파주 운정3	계		216	7,121	32.97
	A46 제일풍경채	84A	113	4,870	43.10
		84B	44	801	18.20
		84C	59	1,450	24.58
양주 회천	계		359	233	0.65
	A12 라온프라이빗	84A	152	145	0.95
		84B	158	63	0.40
		84C	49	25	0.51
인천 가정2	계		172	259	1.51
	B2 우미린	84A	78	133	1.71
		84B	84	107	1.21
		84C	10	19	1.90
광주 선운2	계		315	377	1.20
	예다음	84A	265	329	1.24
		84B	50	48	0.96
파주 운정3	계		276	4,331	15.69
	A49 시티프라디움	59A	123	2,390	19.43
		59B	31	516	16.65
		84A	84	1,176	14.00
		84B	38	249	6.55

김해 진례	계		317	6	0.02
	C2 디에트르	84A	164	6	0.04
		84B	153	-	-

경기 파주 운정신도시 A46 제일풍경채, A49 시티프라디움이 각각 경쟁률 32.97대 1, 15.69대 1을 기록하면서 1,2위를 기록했다. 파주 운정신도시는 GTX 호재로 앞으로도 많은 관심이 쏠릴 것으로 보인다.

6차 민간사전청약 일반공급(1순위) 경쟁률

지구	블록	타입	배정	신청	경쟁률
합계			1,744	52,522	30.12
평택 고덕 국제신도시	계		324	15,741	48.58
	A50	84A	89	4,529	50.89
		84B	49	1,620	33.06
		99	186	9,592	51.57
파주 운정3	계		129	26,268	203.63
	A46 제일풍경채	84A	70	18,026	257.51
		84B	25	3,528	141.12
		84C	34	4,714	138.65
양주 회천	계		335	930	2.78
	A12 라온프라이빗	84A	95	423	4.45
		84B	188	381	2.03
		84C	52	126	2.42

인천 가정2 (당해 접수 결과)	계		106	435	4.10
	B2 우미린	84A	47	213	4.53
		84B	50	172	3.44
		84C	9	50	5.56
광주 선운2 (당해 접수 결과)	계		192	1,178	6.14
	예다음	84A	157	946	6.03
		84B	35	232	6.63
파주 운정3	계		162	7,909	48.82
	A49 시티프라디움	59A	72	1,948	27.06
		59B	18	447	24.83
		84A	49	4,472	91.27
		84B	23	1,042	45.30
김해 진례	계		496	61	0.12
	C2 디에트르	84A	253	53	0.21
		84B	243	8	0.03

출처: 청약홈

6차 민간사전청약 일반공급 1순위 결과도 파주 운정신도시 2개 블록에 많은 관심이 쏠렸다. 평택 고덕신도시 A50 블록도 48.58대 1의 경쟁률을 기록했다. 청약 신청자들의 관심이 특정 지역으로 몰리는 부분을 고려한 플랜을 세워야 당첨 확률을 높일 수 있다.

エ

윤석열 대통령 시대의 부동산

 2022년 3월 9일 대통령 선거가 끝나고 다음 날 새벽 윤석열 후보가 대통령 당선인이 됐다. 평소 정치에 관심은 없지만 경제와 관련된 내용은 신문을 통해 꼼꼼하게 챙겼다. 선거가 끝나고 윤석열 대통령 당선인의 부동산 관련 공약을 다시 살펴봤다. 모든 공약이 지켜지는 건 아니지만 정부의 방향성에 관해 관심을 가지고 있어야 기회를 잡을 가능성이 커진다.

부동산 정상화를 위한 방법으로 공급 확대와 규제를 완화하는 방향을 언급했다. 5년 동안 250만 호 이상의 주택을 공급하겠다는 파격적인 공급 정책이다. 용적률 인센티브를 통해 공급 물량을 늘리고 재건축 초과이익 환수 부담을 줄이는 등 재건축·재개발 규제를 풀겠다는 공약이 가장 먼저 눈에 띄었다. 실제로 당선인이 결정되고 입주 30년이 지난 1기 신도시에 부동산 매수 문의가 늘었다고 한다. 1기 신도시는 용적률이 높은 단지가 많아 재건축보다는 리모델링에 대한 이야기가 나오고 있었는데, 용적률 상향에 대한 기대감으로 호가가 높아지고 있다. 분당·일산·중동·평촌·산본 등 1기 신도시와 서울 재건축·재개발 핵심 규제 완화는 여야의 합의가 필요한 사항이라 단기간에 진행이 어려울 수 있어 계속 지켜봐야 한다.

청년을 위한 청년원가주택 30만 호와 역세권 첫 집 주택 20만 호 공약도 체크해야 한다. 청년원가주택은 청년층에게 주택을 건설 원가 수준으로 공급하고, 청년은 분양가의 20%를 내고 나머지는 장기 원리금 상환을 통해 내 집 마련이 가능한 방식이다. 최초 분양받은 청년이 5년 이상 거주를 하고 해당 원가 주택을 팔 때는 국가에 매도를 하고 차익이 있다면 최대 70%를 돌려받는 구조이다. 역세권 첫 집 주택은 국공유지를 활용해서 반값의 주택을 분양하는 방식과 민간 재건축·재개발 사업의 용적률을 상향해서 증가한 용적률의 약 절반을 기부채납을 받아 청년, 신혼부부에게 반값에 분양하는 방식이다.

청약제도 개선에 대한 부분도 챙겨야 할 항목이다. 청약제도에 1~2인 가구를 위한 소형주택 기준을 새로 만들고, 전용 면적 85m² 이하 주택의 추첨제 비율을 높여 40~50대보다 가점이 부족한 청년들의 내 집 마련 가능성을 높이겠다는 전략이다.

대출 규제 완화는 주택담보대출비율(LTV)을 70%로 높이는 게 대표적이다. 생애최초 주택 구입은 LTV 80%까지도 허용해서 청년과 신혼부부의 내 집 마련 기회를 제공한다는 공약이다. 단, 다주택자에 대해서는 더 낮은 비율을 적용한다. 현재는 투기지역이나 투기과열지구에서는 9억 원 이하 주택은 40%, 9억 원 초과는 20%까지만 대출이 가능하다. 15억을 초과하는 주택은 담보 대출이 나오지 않는다. 대출 규제 완화를 위해서는 LTV도 중요하지만 DSR 규제가 같이 풀려야 한다. 2022년 1월부터 총대출이 2억 원을 초과하면 DSR 40%를 적용하고 있기 때문이다.

새 정부의 공급 확대와 대출 규제 완화라는 큰 틀은 언급이 되고 있지만 구체적인 방향은 계속 모니터링해야 한다. 청년이나 신혼부부라면 가장 먼저 혜택을 보는 계층일 가능성이 높기 때문이다. 앞으로의 부동산 전망은 누구도 예측하기 어렵다. 부동산 시장이 영원히 상승하지는 않을 것이다. 언젠가는 하락하는 시점이 오겠지만 2017년 이전의 수준으로 돌아가는 일은 특별한 사건이 없는 한 거의 없다고 본다. 이미 2배 이상 오른 기존 부동산을 매수하는 건 두려운 일이지만 아파트 청약 당첨으로 시세보다 저렴한 새집에 들어가는 건 리스크가 적다. 아파트 청약에 당첨된 이후 부동산 가격이 오르면 주변 시세보다 저렴하게 입주한 만큼 시세 차익이 커지고 혹시 하락장으로 가격이 조금 내려가더라도 분양가를 고려하면 손해가 아니다. 좋은 입지에 실거주하면서 기다리면 결국 다시 반등하는 모습을 보일 거다.

지나간 기회를 후회해 봐야 괴롭기만 할 뿐 더 나아지지 않는다. 지금은 조금 고통스럽더라도 목돈을 모으고 부동산 청약에 관해 공부하면서 다가올 기회를 준비해서 꼭 내 집 마련의 꿈을 이루길 바란다.